W0108449

Franks Welt

Frank Stronach

Franks Welt

Wahrheit, Transparenz und Fairness
in Politik und Gesellschaft

ueberreuter

Herausgegeben vom Frank Stronach Institut für sozialökonomische Gerechtigkeit

Revidierte und überarbeitete Fassung der zwischen April 2010 und September 2012 in der »Kronen Zeitung« erschienenen Kolumnen von Frank Stronach.

Das säurefreie und alterungsbeständige Papier EOS liefert Salzer, St. Pölten (hergestellt aus chlorfrei gebleichtem Zellstoff aus nachhaltiger Forstwirtschaft).

ISBN 978-3-8000-7565-2
Alle Rechte vorbehalten. Das Werk darf – auch teilweise – nur mit Genehmigung des Verlages und des Verfassers wiedergegeben werden.
Coverfoto: Mark Gilligan Photography
Covergestaltung: Barbara Mungenast
Copyright © 2012 by Verlag Carl Ueberreuter, Wien
Druck und Bindung: Druckerei Theiss, St. Stefan im Lavanttal
7 6 5 4 3 2 1   16 15 14 13 12

Ueberreuter im Internet: www.ueberreuter.at

Inhalt

Vorwort

Liebe Leserinnen und Leser!

Ich heiße Kathrin Nachbaur und komme wie Frank Stronach aus der Steiermark. Ich kenne Frank nun seit 13 Jahren und bin seit einigen Jahren eine enge Mitarbeiterin. Wir nennen ihn alle einfach »Frank«, weil er einer von uns ist. Trotz seines unglaublichen Erfolges ist er sehr bodenständig geblieben und hat Verständnis für die Wünsche und Sorgen der Leute.

Viele fragen sich, warum Frank sich jetzt aktiv in die Politik einmischt und sich das alles antut. Schließlich ist er doch 80 Jahre alt und führt ein ausgeglichenes und angenehmes Leben in Gesellschaft seiner Familie und von Freunden. Er betreibt jeden Tag Sport und ernährt sich einigermaßen gesund, Frank sprüht vor Energie.

Frank hat eine gesunde und vernünftige Einstellung zum Leben, nutzt seinen Hausverstand und denkt laufend darüber nach, wie er der Gesellschaft etwas zurückgeben kann. Er sagt, eine Gesellschaft wird von Menschen gestaltet und von Menschen verändert. Jeder soll nach seinen Möglichkeiten einen Beitrag zu einer besseren Gesellschaft leisten. Frank weiß, dass das Leben ihn sehr begünstigt hat, und gerade deshalb sagt ihm sein Gewissen, dass er seine Erfahrungen und seine finanziellen Mittel einsetzen soll, um konstruktive Änderungen in Österreich herbeizuführen.

Über die letzten 50 Jahre ist Österreich wahrlich heruntergewirtschaftet worden. Jedes Jahr gibt es ein Defizit und es wurde ein gewaltiger Schuldenberg aufgehäuft, der je nach Berechnungs- und Bilanzierungsmethode eine Größenordnung von 200 bis 400 Milliarden Euro ausmacht. Es liegt auf der Hand, dass das auf Dauer nicht gut gehen kann! Dennoch wollen sich die beiden Regierungsparteien und auch die Grünen nicht vom Futtertrog verdrängen lassen, sie wollen um jeden Preis ihr Machterhaltungssystem aufrechterhalten oder sogar ausbauen. Das bedeutet noch mehr Schulden, um sich auf Kosten der nächsten Generationen die Wählerstimmen zu kaufen. Das ist unverantwortlich und grob fahrlässig!

Die Machterhalter haben Einfluss auf viele Medien, weshalb mit Giftpfeilen auf Frank geschossen wird. Es werden unglaublich negative Geschichten fabriziert. Offenbar haben die Machterhalter Angst davor, dass Frank zu beliebt werden könnte. Er ist wirtschaftlich und politisch völlig unabhängig und nimmt sich kein Blatt vor den Mund. Und ich bin davon überzeugt, dass es die meisten Bürger schätzen, dass jemand endlich öffentlich die Wahrheit sagt.

Im Laufe seiner Karriere war Frank im Aufsichtsrat von Banken, Krankenhäusern, Universitäten und verschiedenen Sozialorganisationen. Dadurch hat er Einblick und Verständnis für das Leben und die Gesellschaft bekommen.

Frank hat sehr viele Fabriken in Österreich gebaut und vielen Tausend Menschen in Österreich Arbeit gegeben. Dafür wurde er regelmäßig von seinen Aktionären kritisiert, denn in anderen Ländern hätte die Magna wesentlich mehr Gewinn gemacht. Dass die Fabriken in Österreich kaum Gewinn machen, liegt nicht an den Arbeitern, die in der Regel sehr gut ausgebildet und fleißig sind, sondern an der aufgeblasenen Verwaltung in Österreich. Es sind in erster Linie die hohen Verwaltungskosten, die unserer Wettbewerbsfähigkeit im Weg stehen. Dennoch hat Frank viele Fabriken hier gebaut, schließlich ist er Österreicher und hat hier seine Wurzeln.

Frank ist eine international anerkannte Wirtschaftsperson mit vielen Auszeichnungen, nicht nur für seine unternehmerischen Erfolge, sondern auch für seine vielen sozialen Aktivitäten und Spenden von vielen Hundert Millionen Euro. Mit diesem Geld wurde unter anderem vielen pakistanischen Kindern geholfen, für die Frank eine Schule gebaut hat, und zwar in der ärmsten Region, die durch ein Erdbeben völlig zerstört wurde. Es wurde den ärmsten Schwarzen in New Orleans geholfen, für sie baute Frank sogar eine Stadt im Landesinneren, nachdem ihre Häuser durch Hurrikan Katrina zerstört worden waren. Frank hat natürlich auch Menschen in Österreich geholfen, so zum Beispiel nach dem Jahrhunderthochwasser. Alleine in Österreich wurden über 100 Millionen Euro gespendet für Nothilfe, Kunst, Kultur und Jugendsport.

Frank ist eine außergewöhnliche Persönlichkeit. Er ist ein Realist und ich glaube, er wusste, dass man ihn beschimpfen wird, wenn er dieses System der korrupten Machterhalter angreift. Es gibt wahrscheinlich nicht viele Leute, die sich aus Idealismus bereit erklären, in die erste Reihe zu treten, um sich für ein besseres und gerechteres System einzusetzen.

Vor ungefähr zwei Jahren hat Frank begonnen, wöchentlich in der »Kronen Zeitung« eine Kolumne zu schreiben, worin er seine Werte und Vorstellungen über eine ideale Gesellschaft beschreibt und, ohne sich ein Blatt vor den Mund zu nehmen, das politische Machterhaltungssystem kritisiert und eigene Lösungsvorschläge macht.

Ich kenne Frank und kann Ihnen versichern, dass er einen guten Charakter und sehr viel Erfahrung hat. Wir sollten die Chance nützen, wirkliche Reformen anzugehen. Frank weiß, wie man die Wirtschaft ankurbeln kann, denn nur wenn die Wirtschaft funktioniert, können wir eine gute Zukunft gestalten.

Im September dieses Jahres hat Frank in Österreich eine neue politische Bewegung gegründet, die auf guten Werten aufgebaut ist: Wahrheit, Transparenz und Fairness: das Team Stronach für Österreich. Unser Ziel ist es, Arbeitsplätze zu erhalten und neue zu schaffen, für Wirtschaftswachstum und damit für mehr Wohlstand in unserem Land zu sorgen, das Gesundheits- und Pensionssystem zu sichern und vor allem auch der Jugend eine gute Zukunft zu ermöglichen.

Viele von Ihnen hatten noch nicht die Gelegenheit, Frank persönlich kennenzulernen. Ich hoffe, dass wir Sie im Rahmen unserer Arbeit für ein besseres Österreich treffen werden, und ich hoffe auch, dass ich Ihnen in diesem Vorwort einen kleinen Einblick in Franks Lebensphilosophie geben konnte.

Viel Freude beim Lesen dieses Sammelbandes aus »Franks Welt« wünscht Ihnen herzlich

Kathrin Nachbaur

2010

Am richtigen Ort, zur richtigen Zeit, mit den richtigen Eigenschaften

Das Leben ist tatsächlich eine Frage des Schicksals und der Umstände. Wenn man am richtigen Platz zur richtigen Zeit mit den richtigen Eigenschaften ist, können viele großartige Dinge passieren.

Betrachten wir mein eigenes Leben. Ich wurde in der Zeit der großen Depression zwischen den beiden Weltkriegen geboren und wuchs in Weiz in der Steiermark auf. Meine Eltern waren beide Fabrikarbeiter. Meine Mutter verkaufte auch Gemüse, welches sie in einem kleinen Garten anbaute, um ein wenig zusätzliches Geld zu verdienen. Mein Vater war ein aktiver, aber auch ein wenig verträumter Kommunist. Von meiner Mutter habe ich die Wertschätzung für harte Arbeit, aber auch das unternehmerische Denken gelernt. Von meinem Vater habe ich gelernt, wie wichtig der Sinn für Fairness und Gerechtigkeit gegenüber allen Menschen ist. Und dass man auch darum kämpfen muss.

Als ich 14 war – ein Jahr nach Ende des Zweiten Weltkrieges – hat mich meine Mutter, die eine sehr ernsthaft denkende Frau war, in die Fabrik mitgenommen, in der sie gearbeitet hat. Dort begann ich eine Lehre als Werkzeugmacher – ein Ereignis, welches den Verlauf meines weiteren Lebens ohne Zweifel verändert hat.

Als ich 21 wurde, verspürte ich das immer größer werdende Bedürfnis, die Welt zu sehen. Vor allem aber hatte ich den einfachen Wunsch, ein besseres Leben zu führen – also genug zu essen, eine bessere Wohnung, ein eigenes Auto und genug zu verdienen, um meine täglichen Bedürfnisse erfüllen und auf gesunden Beinen stehen zu können. Ich spreche deshalb von einem »einfachen Wunsch«, weil man im Rückblick oft dazu neigt, gleich von großen Visionen und hohen Zielen zu sprechen. Diese entstehen mit der Zeit. Aber damals, in einer sehr schwierigen und für viele hoffnungslos wirkenden Zeit waren es wirklich die einfachen Wünsche, die man sich erfüllen wollte.

Ich habe damals wunderbare Geschichten von Auswanderern gehört, über die USA und Kanada, was dort alles möglich sei. Kanada war das erste Land, welches mir eine Einreisegenehmigung erteilte. Also begab ich mich nach Rotterdam, um mich mit einem Koffer und ersparten 200 Dollar auf einem Dampfer auf den Weg nach Kanada zu machen.

Die ersten Monate waren sehr hart. Ich erwartete nicht, dass ich gleich in meinem erlernten Beruf als Werkzeugmacher arbeiten kann. Aber ich hatte doch etwas andere Vorstellungen von dem, was auf mich zukommen sollte. Ich dachte, meinem Bild von Kanada, diesem kalten, wilden Land entsprechend, dass mich mein erster Job als Holzfäller in die Wälder oder in einen Steinbruch führen wird. Gelandet bin ich letztlich im Keller einer Krankenhausküche beim Geschirrwaschen und Erdäpfelschälen. Ich gebe zu, dass ich mir damals wirklich selbst leid getan habe. Dennoch habe ich die Idee, in meinem eigentlichen Beruf zu arbeiten und irgendwann vielleicht einen eigenen Betrieb zu haben, nie aufgegeben.

Nach einigen Jahren und verschiedenen Jobs als Facharbeiter und Werkzeugmacher hatte ich genug Geld gespart, um mich selbständig zu machen. Ich eröffnete eine kleine Werkstatt in einer gemieteten Garage. In den ersten Jahren arbeitete ich sehr hart, bis zu 16 Stunden am Tag, sieben Tage die Woche. Geschlafen habe ich auf einem Klappbett in der Werkstatt. Wenn ich zurückdenke, habe ich damals, als junger Einwanderer, der in der Neuen Welt wirklich hart ums Überleben kämpfen musste, nicht eine einzige Sekunde daran gedacht, was ich eines Tages erreichen würde.

Heute bin ich Gründer und Aufsichtsratsvorsitzender mehrerer Unternehmen, die über 70 000 Menschen in 25 Ländern auf der ganzen Welt beschäftigen und die mehr als 20 Milliarden Dollar pro Jahr umsetzen. Magna International Inc. – das Unternehmen, das aus meinem Ein-Mann-Betrieb in der Garage entstanden ist – ist heute der meistdiversifizierte Automobilzulieferer der Welt. Es gibt praktisch kein Auto auf den Straßen der Welt, in dem nicht zumindest ein Teil von Magna enthalten ist.

Das Leben war gut zu mir. Ich habe Königinnen und Könige, Staatspräsidenten und Regierungschefs, die Reichen und Berühmten, aber auch viele bescheidene Menschen. Obwohl ich die tiefsten Tiefen und höchsten Höhen erlebt habe, war es die Erfahrung von Not und Armut, die ich ertragen musste, die mich zu dem Menschen gemacht hat, der ich heute bin. Ich habe als Kind den Krieg miterlebt, mit all seiner Brutalität und Zerstörung. Ich weiß, was es heißt, Hunger zu haben und bitterarm zu sein. Dies alles hat tiefe Eindrücke hinterlassen.

Über die Jahre habe ich mir einen gewissen Reichtum erworben – und auch hart erarbeitet. Aber worauf ich wirklich stolz bin und was mich wirklich tief befriedigt, ist die Tatsache, dass ich dazu beitragen konnte, Zehntausende Arbeitsplätze zu schaffen. Die Unternehmen, die ich gegründet habe, haben gute Arbeitsplätze für Menschen und damit bessere Lebensgrundlagen für viele Familien in verschiedensten Ländern der Welt geschaffen. Das ist ein schönes Gefühl.

Wenn es mir, mit meiner bescheidenen Schulausbildung und wirklich begrenzten finanziellen Mitteln gelungen ist, dies zu schaffen, so muss dies auch vielen anderen möglich sein. Der menschliche Geist bietet eine unglaubliche Vielfalt an Einfallsreichtum und Kreativität.

Die heutige Welt ändert sich rasant, der globale Wettbewerb wird immer härter. Auch Länder müssen sich laufend verbessern, um in dieser Situation bestehen und ihren Menschen eine gute Lebensgrundlage und Zukunftsperspektive bieten zu können.

Wir müssen jeden Tag darüber nachdenken, wie wir unser eigenes Leben verbessern können. Was können wir an unserem Arbeitsplatz dazu beitragen? Was können wir zu einer besseren Gesellschaft beitragen?

Dazu müssen wir Gedanken entwickeln, neues Denken anregen, neue Lösungen suchen, um Arbeitsplätze zu halten, neue zu schaffen und den Lebensstandard der Menschen zu verbessern. Wir können auf bestehende Probleme nicht immer mit altbewährten Rezepten reagieren. Hätten diese funktioniert, wären die Probleme längst gelöst.

Dies – nämlich Gedanken entwickeln und zum Denken anregen – möchte ich ab sofort in dieser regelmäßigen Kolumne in der »Kronen Zeitung« tun. Für alles, was ich hier in der Zukunft schreiben werde, halte ich aber klar fest: Ich gebe meine persönliche Meinung wieder, immer in zivilisierter und konstruktiver Weise, da in unserer Gesellschaft niemand zum Sündenbock für entstandene Probleme gemacht werden darf. Und ich werde vor allem niemals behaupten, dass meine Ideen und Vorschläge die einzig richtigen Lösungen darstellen. Je mehr Gedanken ich entwickeln kann, je mehr ich zum Überdenken bestimmter Dinge anregen kann, desto besser ist es.

Wenn daraus neue, bessere Ideen und Vorschläge als meine entstehen, vor allem für Österreich und seine Menschen, freue ich mich.

Die Goldene Regel – die Ketten der Dominanz lösen

Häufig wird in Medienberichten über mich die »Goldene Regel« zitiert und mir so zugeschrieben, dass ich nur sagen würde: »Wer das Gold hat, macht die Regeln.« Das ist leider sehr verkürzt und sagt bei weitem nicht das aus, was ich damit ausdrücken möchte. Nun, was meine ich wirklich damit?

Die Menschheit wurde seit jeher und wird immer noch von dieser »Goldenen Regel« dominiert, dass nämlich tatsächlich jene die Regeln machen, die das notwendige Gold – oder weiter gefasst: die Macht, den Einfluss oder den Reichtum – haben, um andere zu dominieren. Genau daran setzt aber mein Gedanke an, der weiter formuliert werden muss: Ich, Frank Stronach, habe in meinem Leben einen gewissen Reichtum erworben. Ich möchte damit aber niemanden dominieren. Ich möchte aber auch von niemandem dominiert werden, sondern persönliche Freiheit und Unabhängigkeit genießen. Ich habe zwei Kinder und drei Enkelkinder, für die dasselbe gilt. Ich möchte nicht, dass sie jemals jemanden dominieren, aber ich möchte auch nicht, dass sie jemals von jemandem dominiert werden. Auch sollen sie immer stark und unabhängig genug sein, um das verwirklichen zu können. Eine wichtige Voraussetzung dafür ist aber wirtschaftliche Freiheit, über die leider zu wenige Menschen wirklich verfügen. Dies aber zu verwirklichen, der Mehrheit der Menschheit ökonomische und damit individuelle Freiheit zu ermöglichen, ist eine der großen Herausforderungen, vor der wir alle stehen.

Was folgt daraus? Wir müssen jeden Tag darüber nachdenken, wie wir die Ketten der Dominanz auflösen können. Meiner Meinung nach kann dies nur durch eine Revolution gelingen – aber durch eine Revolution des Denkens und nicht durch eine zerstörerische Revolution!

Individuelle Freiheit ist eines der wichtigsten Elemente, die es einem Menschen ermöglichen, den Weg zu seinem persönlichen Glück zu finden. Ich sehe es als unsere gemeinsame Aufgabe an, Voraussetzungen zu schaffen, die es jedem Menschen ermöglichen, diesen Weg zu beschreiten. Schließlich besteht der Hauptgrund dafür, weshalb wir in der Früh aufstehen und zur Arbeit gehen, darin, dass wir für uns selbst und unsere Familie ein besseres Leben erreichen können.

Wenn ich zuvor Voraussetzungen angesprochen habe, die notwendig sind, meine ich Folgendes: In zivilisierten Ländern gibt es Menschenrechtsverfassungen, die die Grundrechte sichern. Diese alleine sind jedoch zu wenig. Wir brauchen auch Wirtschaftsrechtsverfassungen, die einerseits klare Regeln für die Wirtschaft aufstellen, die aber die Wirtschaft nicht erdrosseln. Eine Firma, die keinen Gewinn macht, ist eine Last für die Gesellschaft. Durch diese Wirtschaftsrechtsverfassungen werden die Rechte und Pflichten von Unternehmen und Mitarbeitern genau festgelegt, festgeschrieben und geschützt, zum Beispiel durch Beteiligungen der Mitarbeiter am Gewinn. Außerdem führen diese Wirtschaftsrechtsverfassungen zu ökonomischen Demokratien. Ökonomische Demokratien sind die Basis für Demokratien an sich. Eine Demokratie kann nicht funktionieren, wenn es keine sozialökonomische Gerechtigkeit gibt.

Der globale Wettbewerb wird immer härter

Der globale Wettbewerb wird immer härter. Jeder weiß das. Dennoch hört man von Regierungen wenig Konkretes, was sie tun wollen, um ihre Länder in diesem schwierigen Umfeld wettbewerbsfähig zu machen.

Wohin ich in Westeuropa oder Nordamerika auch gehe, ich sehe immer mehr Lagerhallen und immer weniger Fabriken. Man muss kein Wirtschaftsexperte sein, um den Grund dafür zu erkennen: Wir – in Westeuropa und Nordamerika – produzieren und exportieren immer weniger Güter und importieren dafür ständig mehr Produkte, die woanders hergestellt wurden – Spielzeug, Mobiltelefone, Computer. Selbst Obst und Gemüse werden über teilweise große Distanzen zu uns transportiert.

Die Rechnung ist simpel: Wenn ein Land immer mehr importiert und immer weniger exportiert, ist es nur eine Frage der Zeit, bis sich das ökonomische Gewebe, wie ich es nenne, welches dem Land Stabilität verleiht, auflöst und der Lebensstandard sinkt. Diese Gefahr sehe ich.

Es ist Firmen möglich, dorthin zu gehen, wo Löhne und Kosten geringer sind, um die Produkte mit höherem Profit in reichere Länder zu exportieren. In sogenannten Niedriglohnländern sind – neben den Kosten – auch Sozial- und Umweltstandards weit geringer. Wird dieser Entwicklung nicht Einhalt geboten, werden wir alle – als globale Gesellschaft – verlieren. Der Lebensstandard in westlichen Ländern wird sinken, gleichzeitig gelingt es nicht, ärmeren Ländern vernünftig zu helfen. Wir brauchen deshalb global geltende, faire Handelsregeln, um diese Entwicklung umzukehren.

Österreich ist ein Land mit hohen Sozial- und Umweltstandards, aber auch mit hohen Kosten. Dennoch kann Österreich global wettbewerbsfähig sein. Dazu müssen wir aber täglich darüber nachdenken, wo und wie wir uns verbessern können. Das muss schnell gehen, denn auch die Welt entwickelt sich sehr schnell. Und es müssen alle Bereiche einbezogen werden – die Wirtschaft muss sich ändern, die Gewerkschaften, die Regierungen und die öffentlichen Institutionen müssen sich ändern. Wir alle müssen uns ändern.

Und wir müssen zusammenarbeiten. In einer zivilisierten Gesellschaft darf niemand der Sündenbock sein. Alle tragenden Säulen der Gesellschaft – Wirtschaft, Gewerkschaften, Regierungen, der akademische Bereich und die Medien – müssen beitragen, um unsere Wettbewerbsfähigkeit laufend zu verbessern. Gelingt uns dies, können wir bestehende Arbeitsplätze sichern und sogar neue schaffen. Arbeitsplätze sind das wertvollste Gut eines Landes – jetzt und in Zukunft.

Ein erster Schritt bestünde meiner Ansicht nach darin, die Rahmenbedingungen für die produzierende Industrie zu verbessern, um die Exportwirtschaft anzukurbeln. Es ist eine einfache Rechnung, dass die Unternehmen, die Güter produzieren und exportieren, mehr und auch bessere Arbeitsplätze schaffen als jene, die lediglich Güter importieren.

Wir müssen unsere Lagerhallen wieder in Fabriken umwandeln.

Geld hat kein Herz, keine Seele, keine Heimat

In einer Gesellschaft, die die Menschen in ihrer Produktivität, Kreativität und ihrem Erfindergeist behindert, wird der Lebensstandard unweigerlich zurückgehen.

Mir scheint, als ob wir mehr Energie dafür aufwenden, erfolgreichen Menschen Grenzen in ihrem Vorwärtsstreben zu setzen, als uns zu bemühen, jenen zu helfen, die sich am Rand der Gesellschaft befinden. Dabei geht viel wertvolle Energie verloren, die besser eingesetzt wäre, jenen zu helfen, die Hilfe wirklich brauchen.

Dabei verkennen wir die Realität. In unserer globalen Welt kann kein Land, keine Gesellschaft, kann niemand mehr Menschen einzäunen, die besonders erfolgreich, talentiert oder wohlhabend sind.

Die besten und kreativsten Persönlichkeiten aus Wissenschaft, Kunst, Sport oder Wirtschaft – Menschen, nach deren Fähigkeiten weltweit große Nachfrage herrscht – können heute überall auf der Welt leben und arbeiten. Wir können es ihnen nicht zum Vorwurf machen, wenn sie sich für Länder entscheiden, in denen sie mehr Geld verdienen können. Dasselbe gilt für Unternehmen.

Geld hat kein Herz, keine Seele, keine Heimat. Es geht, wie Wasser, den Weg des geringsten Widerstandes und fließt dorthin, wo es am besten vermehrt werden kann. Investoren müssen die Möglichkeit haben, eine angemessene Verzinsung für ihr eingesetztes Kapital zu erhalten. Nehmen Sie die Autoindustrie als Beispiel: Weshalb sollte jemand sein hart verdientes Geld in eine Firma investieren, die Fabriken baut, Maschinen kauft, Arbeiter beschäftigt und Risiko eingeht, wenn man durch den Kauf von Staatsanleihen eine höhere Verzinsung erzielen könnte?

Aus diesem Grund dürfen wir nie aufhören, darüber nachzudenken, wie wir konkurrenzfähigere Bedingungen schaffen können, damit die besten Köpfe und Firmen im Land bleiben. Qualifizierte Menschen und Investitionen sind das Rückgrat einer starken Wirtschaft. Mit anderen Worten: Wir müssen Gehirne und Geld im Land halten. Nur dies erhält bestehende und schafft neue Arbeitsplätze.

Eine florierende Wirtschaft muss daher oberste Priorität für die Regierung haben. Ohne gesunde Wirtschaft können wir wichtige Bereiche wie das Gesundheits- oder Ausbildungssystem langfristig nicht finanzieren. Mehr noch. Nicht nur wichtige, sondern alle Bereiche der Gesellschaft würden unter einer schwachen Wirtschaft leiden. Die große Krise der letzten Monate hat dies drastisch bewiesen.

Der Wohlstand einer Gesellschaft hängt maßgeblich von der Stärke des wirtschaftlichen Gewebes ab – Unternehmen sind die Fasern dieses Gewebes. Diese müssen wir stärken.

Mit den richtigen Methoden kann sogar eine Wüste zum Blühen gebracht werden. Für ein Land gilt dasselbe: Wir müssen ein Umfeld schaffen, in dem Unternehmen blühen und wachsen können, nur dann können wir die Ernte in Form erhaltener und neuer Arbeitsplätze und eines höheren Wohlstandes einfahren. Das ist es doch, was wir uns für unsere Familien und uns selbst wünschen.

Der Sohn eines Gewerkschaftsaktivisten

Ich komme aus der Arbeiterschicht. Meine Eltern haben in Fabriken gearbeitet, um die Familie zu erhalten. Mein Vater war Gewerkschaftsaktivist, der sogar eingesperrt wurde, weil er sich für die Arbeiter eingesetzt hatte. Ich selbst habe mit 14 Jahren begonnen, in einer Fabrik zu arbeiten. Diese Erfahrungen habe ich nie vergessen.

Ich habe immer betont, dass sich die Gewerkschaften große Verdienste um die Gesellschaft erworben haben. Sie haben maßgeblich dazu beigetragen, dass die Arbeitsbedingungen besser, sicherer und vor allem menschenwürdiger wurden. Ein Nachteil war aber immer schon und ist heute noch, dass heftige Konfrontationen zwischen Unternehmen und Gewerkschaften bestehen. Daran sind aber beide Seiten im gleichen Maße schuld. Heute besteht ein großes Problem darin, dass oft Dinge versprochen werden, die fernab jeglicher Realität sind, wie etwa Arbeitsplatzgarantien. Wir müssen anerkennen, dass keine Gewerkschaft, kein Unternehmen und auch keine Regierung Arbeitsplätze garantieren kann. Es bleibt dabei: Die beste Garantie für Arbeitsplätze ist es, wenn Mitarbeiter und Management gut zusammenarbeiten und dabei Qualitätsprodukte zu wettbewerbsfähigen Preisen herstellen. Dies ist schon unter guten Bedingungen schwierig genug, aber in einem Klima der Konfrontation fast unmöglich. Daher müssen wir weg von der Konfrontation und hin zu einer fairen Zusammenarbeit.

Mir wurde manchmal unterstellt, dass ich ein Gegner der Gewerkschaften sei und sie am liebsten abschaffen würde. Nichts könnte weiter von der Wahrheit entfernt sein als dieser Vorwurf. Im Gegenteil: Ich habe mich immer für eine starke Arbeitervertretung ausgesprochen und möchte dazu beitragen, die Gewerkschaften an sich und die Zusammenarbeit zwischen ihnen und den Unternehmen zu verbessern. Letzteres muss die Hauptaufgabe beider Seiten sein.

Das Unternehmen Magna, das ich vor über 50 Jahren als Ein-Mann-Betrieb gegründet habe, ist ein guter Beleg dafür. Wir haben eine einzigartige Unternehmensverfassung, in der festgeschrieben ist, dass die Mitarbeiter am Gewinn und am Unternehmen beteiligt werden. Und wir haben eine Arbeiterrechtsverfassung, die Magna Mitarbeiter Charta, in der die Rechte und Pflichten der Mitarbeiter definiert und geschützt werden. Über die Einhaltung dieser Prinzipien werden die Mitarbeiter regelmäßig befragt, damit wir feststellen können, ob sich das Management im täglichen Ablauf auch daran hält. Denn eine Unternehmenskultur kann nur durch das Verhalten der Menschen im Unternehmen zum Leben erweckt werden. Nicht durch Plakate und bunte Prospekte. Ich glaube, dass diese Kultur auf lange Sicht für das Unternehmen und seine Mitarbeiter besser ist als Konflikte und Arbeitskampf.

Ich habe niemals gesagt, dass sich nur die Gewerkschaften ändern müssen. Die Wahrheit ist: Die Gewerkschaften müssen sich ändern, Regierungen müssen sich ändern, unsere öffentlichen Institutionen müssen sich ändern, aber auch die Wirtschaft muss sich ändern. Wir alle – Wirtschaft, Gewerkschaft, Regierung, der akademische Sektor und die Medien – tragen die Verantwortung, dass unser Land wettbewerbsfähig bleibt und wir den Lebensstandard der Menschen verbessern können. Wir alle sollten unsere Energie dafür aufwenden, darüber nachzudenken, was wir tun müssen, um dies zu erreichen. Und nicht Energie für Konflikte und Konfrontationen vergeuden. Denn diese hindern uns nur, konkurrenzfähig zu sein.

Eine Struktur der Fairness –
Ein neues Modell der Zusammenarbeit

Der langjährige Chef der kanadischen Autoarbeitergewerkschaft, Basil
»Buzz« Hargrove, war ein sehr harter Verhandler. Wir waren oft nicht
einer Meinung, aber unser Verhältnis war immer von hohem gegensei-
tigem Respekt geprägt.

Vor einigen Jahren gelang uns ein wegweisender Durchbruch: Ein
neues Modell für die Zusammenarbeit zwischen Arbeitnehmern
und Arbeitgebern, welches auf sozialökonomischer Gerechtigkeit beruht. Wir nannten es eine »Struktur der Fairness«. Vorausgegangen
waren intensive Diskussionen. Am Ende sagte ich: »Buzz, es kann
doch nicht so schwer sein, auf einem Blatt Papier auf einer Seite das
festzuschreiben, was für Unternehmen wichtig ist – und auf der anderen Seite jenes, was für die Arbeiter wichtig ist. Und dann bringen wir
das Ganze in eine Balance.«

Die Absicht war klar: Wir wollten ein Vorbild für die Beziehungen
zwischen Unternehmern und Mitarbeitern schaffen. Eine Struktur,
die beiträgt, das in der Vergangenheit oft konfliktbehaftete Verhältnis
zwischen diesen Kräften auszugleichen und Konfrontationen, die die
Wettbewerbsfähigkeit vieler Unternehmen in Nordamerika und Europa behindern, zu vermeiden. Das oberste Ziel, das dabei aber verfolgt wird, ist es, bestehende Arbeitsplätze zu erhalten, neue zu schaffen und den Lebensstandard der Arbeitnehmer zu verbessern.

In dieser Struktur der Fairness werden Management und Gewerkschaften zu Partnern, die gemeinsam für ein produktives und faires
Arbeitsumfeld sorgen. Die Struktur enthält Maßnahmen zur Erhöhung der Flexibilität und eine klare Formel für die Beteiligung von
Mitarbeitern und Management am Gewinn des Unternehmens. Sie
beruht auf der Erkenntnis, dass die beste Methode, um Arbeitsplätze
zu erhalten, darin besteht, wenn Mitarbeiter und Management gut zusammenarbeiten und Qualitätsprodukte zu wettbewerbsfähigen Preisen herstellen. Doch bei allem Streben nach mehr Effizienz gibt es in
dieser Struktur keinerlei Kompromisse oder Abstriche in Bezug auf
Fairness, Gerechtigkeit und Sicherheit am Arbeitsplatz.

Im Kern beruht die Struktur der Fairness auf der Erkenntnis, dass die Gesellschaft einen Ausgleich der Kräfte braucht. Das oberste Ziel eines Unternehmens muss es sein, Gewinne zu machen. Unternehmen, die keine Gewinne machen, sind eine Belastung für ein Land. Dies müssen auch die Gewerkschaften anerkennen. Die Art, wie diese Gewinne gemacht werden, muss jedoch ausgewogen und zum Vorteil aller »Stakeholders«, also auch der Gesellschaft, sein. Letztlich wird jede Firma von drei Kräften getrieben – Mitarbeiter, Management und Kapital. Man kann dies mit einem Wagen vergleichen, der von drei Pferden gezogen wird. Aber was passiert mit dem Wagen, wenn die Pferde in unterschiedliche Richtungen laufen? Er landet im Graben. Daher muss das Management den Mitarbeitern täglich beweisen, dass es ihre Anliegen ernst nimmt und für ein faires, sicheres Arbeitsumfeld sorgt.

Die Struktur der Fairness kann aber nur der Auftakt zu einem Entwicklungsprozess sein. Ich bin realistisch genug, um zu wissen, dass noch viel Feinarbeit notwendig sein wird. Aber wir haben zumindest eine gemeinsame Basis geschaffen, auf der wir aufbauen und unsere Wirtschaft effizienter und konkurrenzfähiger machen können. Denn eines ist für mich unbestritten: Die alten Modelle der Zusammenarbeit funktionieren im globalen Wettbewerb nicht mehr.

Steuersystem – keine Angst vor Steuerprüfungen

Häufig fürchten sich Firmen oder Bürger regelrecht vor Steuerprüfungen durch das Finanzamt. Natürlich gibt es Leute, die sich nicht an die Gesetze halten und hoffen, nicht erwischt zu werden. Aber die meisten haben nichts zu verbergen und sind deshalb verunsichert, weil es komplizierte, schwer durchschaubare Regelungen gibt.

Dies kann nicht sein. Das Steueraufkommen eines Landes, zu dem jeder Bürger und jede Firma beitragen muss, ist die Grundlage der Finanzierung aller öffentlichen Leistungen. Ich meine daher, dass die Bürger und Firmen ein Recht darauf haben, dass es ein einfaches, transparentes und gerechtes Steuersystem gibt, welches für jeden verständlich ist – ohne, dass man Steuerrecht studiert haben muss.

Was daran so schwer sein soll, konnte mir noch niemand plausibel erklären. Meist wird einem erklärt, warum und weshalb etwas nicht geht.

Das Steuersystem ist ein wesentlicher Faktor für die Konkurrenzfähigkeit eines Landes im globalen Wettbewerb. Sind die Steuern zu hoch, weil die Verwaltung zu viel kostet, lassen sich keine internationalen Firmen im Land nieder. Und es besteht die Gefahr, dass heimische Betriebe abwandern und Arbeitsplätze verloren gehen.

Mir geht es aber nicht allein darum, die Steuern nur zu senken. Dies ist notwendig (und möglich, wenn wir die Kosten der Verwaltung senken und ihre Effizienz steigern), alleine aber zu wenig. Wir brauchen beides: geringere Steuern und ein unkompliziertes, transparentes Steuersystem.

Um das erste Ziel, die Senkung der Steuern, zu erreichen, könnte ich mir vorstellen, dass wir ein Bürgerkomitee bilden, das aus erfahrenen und möglichst unabhängigen Vertretern aus wichtigen Bereichen besteht – also etwa Gewerbetreibende, Unternehmer, Experten für Sicherheit, Ausbildung, Umwelt usw. Dieses Komitee sollte Vorschläge entwickeln, wie man die Kosten der Verwaltung in Österreich reduzieren könnte, ohne die Standards in wichtigen Bereichen wie Sicherheit, Gesundheit, Ausbildung, Umwelt etc. zu gefährden. Ich bin davon überzeugt, dass durch diesen neutralen Blick eine Reihe guter Vorschläge entwickelt werden könnte.

Wenn es uns gelingt, Verwaltungskosten und damit Steuern zu senken, müssen wir an den zweiten Schritt gehen, die Vereinfachung des Steuersystems.

Für alle einkommensabhängigen Steuern von Arbeitern und Angestellten könnte man eine Einheitssteuer einführen, die, oberhalb eines steuerfreien Mindesteinkommens, etwa 25% beträgt. Um die Verteilungsgerechtigkeit zu wahren, könnte man bei den Beiträgen für die Inanspruchnahme öffentlicher Sozialleistungen eine Staffelung nach Einkommenshöhe vorsehen.

Für Unternehmen könnte man eine Einheitssteuer auf den Umsatz einführen. Dies ist eine klare Messgrösse, transparent und nachvollziehbar. Firmen, die den Großteil ihres Gewinnes in Österreich investieren und ihre Mitarbeiter direkt am Gewinn beteiligen, sollten weniger Steuern zahlen. Es muss doch breites Interesse bestehen, diese Reformen umzusetzen. Zumal ich davon überzeugt bin, dass ein faires, für jedermann nachvollziehbares Steuersystem auch das Vertrauen der Bürger in die Regierung stärken würde.

Sportscharakter – schon in jungen Jahren wichtig

Fairer Wettbewerb ist wichtig für die Wirtschaft, aber auch für die Gesellschaft und jeden Einzelnen von uns, weil er anspornt und anregt, über Verbesserungen nachzudenken. Eine vernünftige Einstellung dazu sollte schon in jungen Jahren vermittelt werden.

In den späten 1980er-Jahren, als Michail Gorbatschow die damalige Sowjetunion reformierte, war Magna eines der ersten nordamerikanischen Unternehmen, welches dort eine Fabrik eröffnete. Ich wurde vom sowjetischen Industrieminister eingeladen, einige Automobilfabriken zu besichtigen und zu analysieren. Nach unseren Rundgängen durch die Produktionsstätten fragte er mich: »Und, was halten Sie von unseren Fabriken?« »Nicht sehr viel«, war meine Antwort. »Was meinen Sie damit?« Ich antwortete: »So, wie ihr strukturiert seid, könnt ihr keine Qualitätsautos erzeugen, ja nicht einmal genügend Autos, um den Bedarf der Masse zu befriedigen.« Auf seine Nachfrage, warum ich dies meine, erklärte ich: »Weil ihr keine Konkurrenzstrukturen habt.« Dies hat der Minister, so glaube ich, nicht sofort verstanden. Also sah ich ihm in die Augen und sagte: »Weißt du, weshalb euer Land im Sport so erfolgreich ist? Weil ihr im Sport so starke Konkurrenz habt. Wäre bei einem Rennen nur ein Läufer am Start, würde die Zeit keine Rolle spielen.«

Durch einen verstärkten Fokus auf den Sport in den Schulen würden wir unserer Jugend die Bedeutung von fairem Wettbewerb, aber auch seine Härten sowie »Sportscharakter« näherbringen. Dies könnte den jungen Menschen helfen, wichtige Fähigkeiten zu entwickeln, wie etwa Motivation, Verantwortung, Entschlossenheit, Teamarbeit, Ausdauer und die Bereitschaft, eigene Talente bei der Verfolgung eines Ziels konsequent zu nutzen. Die Idee, körperliche Aktivitäten und sportlichen Wettbewerb zu einem zentralen Bestandteil der Ausbildung junger Menschen zu machen, ist keine neue – sie stammt schon aus der klassischen griechischen Kultur. Es scheint, als hätten wir den hohen Wert dieser Komponente für das Bildungssystem aus den Augen verloren.

Kurzum: Ich glaube, wir müssen die vielen nicht-akademischen Erziehungsaspekte näher betrachten, auf deren Basis mündige Bürger heranwachsen, die bereit sind, zum sozialen und wirtschaftlichen Wohlstand der Gesellschaft beizutragen. Ich nenne diesen Ansatz »Erziehung zur Lebenseinstellung« – das Vermitteln von Prinzipien, mit denen unsere Kinder ein verantwortungsbewusstes, ausgeglichenes, gesundes, aber auch produktives Leben führen können. Dazu zählt auch, dass wir in den Schulen Mindeststandards in den Bereichen Ernährung und Ernährungslehre vermitteln müssen. Die Bedeutung einer gesunden Ernährung muss schon von Kindesbeinen an eine Selbstverständlichkeit werden, genauso wie die Verfügbarkeit frischer gesunder Lebensmittel für unsere Kinder in den Schulkantinen.

Mit all dem müssen wir früh beginnen. Wenn wir in unseren Schulen mehr Stunden für Sport und Ernährungslehre aufwenden und den Schülern damit rechtzeitig die Bedeutung von sportlicher Betätigung und gesunder Ernährung näherbringen, können wir uns auf lange Sicht etliche Milliarden an Gesundheitskosten einsparen.

Schulsystem und Wirtschaft

Ich habe bereits in einer Kolumne über die Bedeutung des Sports bzw. des sportlichen Wettbewerbs und der gesunden Lebensführung für eine gute Ausbildung unserer Kinder geschrieben. Doch mir sind auch andere Aspekte sehr wichtig

Als Mann der Wirtschaft ist für mich natürlich klar, dass die Wirtschaft nicht vergessen werden darf, wenn wir über die Bildung und Erziehung unserer Kinder diskutieren. Generell ist es wichtig, dass die Wirtschaft engere Beziehungen mit unserem Bildungssystem unterhält. Wir müssen unseren Schülern sehr früh bewusst machen, wie wichtig die Wirtschaft für das Funktionieren unserer Gesellschaft ist. Ich glaube, dass in einigen Bereichen unseres Bildungssystems Vorurteile gegen die Wirtschaft existieren und die Meinung, dass von einer funktionierenden Wirtschaft nur wenige profitieren, weil sie andere ausbeutet, und dass unethische Praktiken weit verbreitet sind.

Meine Sorge ist, dass diese negative Einstellung unsere Jugend davon abhält, Karrieren in der Wirtschaft anzustreben, speziell Karrieren als eigenständige Unternehmer, die auch hohe Verantwortung zu tragen haben. Eine stärkere Einbindung der Wirtschaft in unser Bildungssystem könnte diese negative Wahrnehmung korrigieren und den Schülern ein realistisches, aber nicht unkritisches Bild der Wirtschaft vermitteln. Denn man darf auch der Wirtschaft nicht freien Lauf lassen. Gerade hier braucht es strenge Regeln und Sanktionen, um Katastrophen und Ungerechtigkeiten zu vermeiden, wie wir sie etwa im Rahmen der jüngsten Finanzkrise erleben mussten. Auch in der Wirtschaft braucht es – um an meine frühere Kolumne anzuknüpfen – eine Art von »Sportscharakter«, nämlich einen Charakter, der auf sozialökonomischer Gerechtigkeit beruht. Also fairen Wettbewerb, Verantwortungsbewusstsein und fairen Umgang mit allen Kräften, die ein Unternehmen treiben – Arbeiter, Management, Kapital und Gesellschaft.

Wenn wir unser Bildungssystem reformieren und einige der hier aufgezeigten Ideen einbeziehen, glaube ich, dass wir beitragen könnten, die Chancen unserer Jugend im globalen Wettbewerb zu verbessern. Es ist die Pflicht der jetzigen Generation, unsere Kinder zu lehren, was sie benötigen, um zu wachsen, sich durchzusetzen und jene Chancen zu nützen, die für sie in Reichweite liegen. Tun wir das, leisten wir auch einen Beitrag dazu, unseren Wohlstand für die Zukunft zu sichern bzw. weiter zu erhöhen. Davon bin ich überzeugt.

Gesundheitswesen – Bonussystem

Gesundheit ist das wertvollste Gut, es steht weit über allen materiellen Dingen. Das Gesundheitssystem ist daher ein Fundament des Landes, es muss finanzierbar bleiben. Was also, wenn wir neue Anreize schaffen? Ein Bonussystem etwa, wer keine Kosten verursacht hat, dem sollte Geld wieder ausbezahlt werden. Qualität und Service könnten sich so rasch verbessern.

Am Beginn steht das Gesundheitsbewusstsein, welches wir so tief wie möglich in der Gesellschaft verankern müssen. Ich habe in einer Kolumne bereits geschrieben, für wie wichtig ich dies bereits im Kindesalter halte und dass wir Sport und Ernährungslehre an Schulen ausweiten müssen. Auch in den Familien muss das Gesundheitsbewusstsein verstärkt werden. Die Medien und ganz besonders das öffentlich-rechtliche Fernsehen haben dabei eine große Verantwortung.

Ein wichtiger Aspekt ist gerade im Bereich der Gesundheit die Eigenverantwortung. Eine Gesellschaft funktioniert umso besser, je mehr die Menschen bereit sind, Selbstverantwortung zu übernehmen. Eine Gesellschaft kann sich nur verbessern, wenn jeder Bürger bereit ist nachzudenken, welche Beiträge er dazu leisten kann.

Die Gesundheitskosten pro Kopf betragen in Österreich ca. 3700 Euro pro Jahr. Ein Vorschlag, diese Kosten zu senken, könnte so aussehen: Jeder, der nur einen Teil dieser Kosten pro Kopf nutzt, erhält 20% des nicht genutzten Anteils, 80% bleiben beim Staat. Vorsorgeuntersuchungen, Präventivmaßnahmen wie etwa Impfungen und die medizinische Betreuung im Kleinkindalter dürften aber nicht in die Berechnung des in Anspruch genommenen Teils einbezogen werden. Denn diese sind wichtig und gewünscht, da sie langfristig zur Kostensenkung beitragen können.

Ich bin davon überzeugt, dass ein solches Modell, das man als eine Art Bonussystem bezeichnen könnte, die Eigenverantwortung fördern und Anreize zu größerem Kostenbewusstsein schaffen würde.

Natürlich bin ich mir dessen bewusst, was Kritiker zu solchen Vorschlägen sagen: Sie sehen die Gefahr, dass Menschen auf Arztbesuche verzichten, um dadurch eine Bonuszahlung zu erreichen. Ich halte dem entgegen, dass wir zwar das Bewusstsein der Menschen im Hinblick auf die Gesundheit stärken sollen, sie aber nicht bevormunden dürfen. Ich bin davon überzeugt, dass die Menschen klug genug sind, um zu wissen, wann sie zum Arzt gehen müssen.

Das Wichtigste in der ganzen Diskussion bleibt für mich aber, dass das alles, was wir in diesem Bereich tun, auf sozialökonomischer Gerechtigkeit beruhen muss. Das Gesundheitssystem darf niemals total privatisiert werden. In einer zivilisierten Gesellschaft muss hundertprozentig sichergestellt werden, dass jeder Bürger – unabhängig von seinen finanziellen Möglichkeiten – Zugang zu medizinischer Versorgung hat.

Gesundheitswesen – Effizientere Strukturen

Vor einiger Zeit habe ich Vorschläge gemacht, wie man jeden einzelnen Bürger durch ein vernünftiges Bonussystem motivieren könnte, über persönliche Beiträge zur Senkung der Gesundheitskosten nachzudenken. Dies kann aber nur ein Ansatz sein. Wollen wir unser Gesundheitssystem vor dem finanziellen Kollaps bewahren und uns gleichzeitig bemühen, Qualität und Service zu verbessern, müssen wir über effizientere Strukturen nachdenken: beginnend bei den Sozialversicherungen über die ärztlichen Leistungen bis zum Pflegebereich.

Ich möchte betonen, dass Österreich über eine Gesundheitsversorgung verfügt, die weltweit zu den besten zählt. Ihre Qualität wie auch der Zugang zu medizinischer Versorgung für alle Bürger hat einen Standard, der in den wenigsten Ländern der Welt erreicht wird. Es wäre ein großer Fehler, wenn wir uns nun auf dem Erreichten ausruhen und nicht über Verbesserungsmöglichkeiten nachdenken. Diese sind notwendig, denn in unserer globalen Welt können sich Situationen rasant schnell verändern. Denken wir nur an die Wirtschaftskrise der letzten Monate. Viele Staaten mussten sich hoch verschulden, um ihr Finanz- und Wirtschaftssystem zu stützen. Diese Mittel werden uns in anderen Bereichen bald fehlen – oder tun dies bereits. Für den Gesundheitsbereich wäre dies fatal.

Beim Aufbau des österreichischen Gesundheitsystems, das über Jahrzehnte gewachsen ist, wurde lange Zeit nicht genug auf Effizienz und schlanke Strukturen geachtet. Dafür gibt es meiner Meinung nach zwei wesentliche Gründe: Einerseits waren Effizienzdenken und Kostenbewusstsein im öffentlichen Bereich kaum verbreitet, andererseits haben Parteien und Interessenverbände versucht, Einfluss in diesem wichtigen gesellschaftlichen Sektor zu gewinnen. Letzteres darf man nicht unterschätzen, wenn man über die zahlreichen Doppelgleisigkeiten in diesem Bereich diskutiert und fragt, weshalb sie nicht beseitigt werden. Wie könnte es sonst sein, dass es in einem kleinen Land wie Österreich mit acht Millionen Menschen über 20 Sozialversicherungsträger gibt, von denen die meisten auch noch in jedem Bundesland eigene Strukturen mit Selbstverwaltung unterhalten. Es leuchtet ein, dass jede Reduktion – sei es in der Zahl der Sozialversicherungsträger oder bei den Regionalstrukturen – gleichbedeutend mit einem Verlust an Einfluss und Positionen für Parteien und Interessenverbände wäre.

Mein Vorschlag ist eine Zusammenlegung zu einer einzigen, für alle unselbständig Beschäftigen zuständigen Sozialversicherung, welche nur vier Regionalorganisationen, nämlich West, Mitte, Ost und Süd unterhält. Dies hätte mehrere Vorteile. Die Verwaltungskosten könnten maßgeblich gesenkt werden, was sich sofort positiv in der Kostensituation niederschlagen würde. Es wäre sichergestellt, dass alle Zahlungsströme, die sich in Milliardenhöhe bewegen, an einer zentralen Stelle gebündelt und damit leichter analysiert werden könnten. Und diese Vereinheitlichung wäre auch gerechter. Momentan ist es ja so, dass es bei Beitragshöhen und Leistungsansprüchen sowohl Unterschiede zwischen Beamten, Arbeitern, Angestellten, Landwirten usw. als auch zwischen den Bundesländern gibt. Aber im Gesundheitsbereich darf es keine Ungleichbehandlungen geben.

Über-verwaltet, Über-besteuert, Über-reguliert

Die Arbeiter in einer Fabrik können noch so fleißig arbeiten und noch so gute Produkte herstellen. Wenn die Verwaltung der Firma zu groß ist, kann die Firma nicht konkurrenzfähig sein. Dasselbe gilt für ein Land.

Im globalen Wettbewerb, der täglich härter wird, müssen sich nicht nur Unternehmen bemühen, immer effizienter zu werden – sondern auch Regierungen, gerade in westlichen Ländern. Wir haben zu viel Bürokratie und Verwaltung und müssen dies durch hohe Steuern finanzieren. Dies verringert unsere Wettbewerbsfähigkeit.

Wir sind über-verwaltet, über-besteuert und über-reguliert. Es ist notwendig, dass wir im Land alle Kosten identifizieren, die unsere Produktivität hemmen. So, wie wir es in der Wirtschaft auch tun müssen. Und wir müssen uns überlegen, wie wir die Bürokratie sinnvoll reduzieren können.

Ich betone immer, dass in einer zivilisierten Gesellschaft niemand der Sündenbock sein darf. Es ist nicht die Schuld der Beamten, dass sich die Bürokratie so aufgebläht hat. Wir alle sind dafür verantwortlich, da wir ein zu starkes Anspruchsdenken gegenüber der öffentlichen Hand entwickelt haben und bei vielen Problemen sofort nach dem Staat als Problemlöser rufen. Was wir dabei vergessen: Der Staat kann uns nichts geben, was er nicht vorher von uns genommen hat.

Es gibt genug bürokratischen Speck, der reduziert, und genug Verwaltungskosten, die vermieden werden könnten. Es wäre nicht sinnvoll, die Steuern zu senken, bevor wir nicht die Kosten der Verwaltung gesenkt haben. Ich sehe keinen Grund, weshalb wir nicht sofort mit einem gezielten Kostensenkungsprogramm beginnen.

Ich betone, dass dies auf zivilisierte Weise erfolgen muss und unsere Standards für Sicherheit, Gesundheit, Umwelt und Bildung nicht gefährden darf. Aber eine Senkung der Kosten von fünf bis zehn Prozent pro Jahr über die nächsten fünf Jahre halte ich für möglich – mit extrem positiven Auswirkungen. Die Steuern könnten drastisch gesenkt werden, gleichzeitig würde Österreich für internationale Firmen und Investoren attraktiver werden.

Wichtig wäre, dass man die Beamten, die das System ja am besten kennen, motiviert, aktiv an diesem Programm teilzunehmen. Beamte, die Einsparungen vorschlagen, sollen – sofern ihre Vorschläge umgesetzt werden können – mit einem bestimmten Prozentsatz an den Einsparungen beteiligt werden.

Für Beamte, deren Funktionen durch die Einsparungen überflüssig werden, muss es faire Lösungen geben. Ein Modell könnte sein, dass diese Beamten im ersten Jahr 100% ihres Gehalts bekommen, im zweiten Jahr 95%, im dritten Jahr 90% usw. bis zur Pensionierung. Wenn sie vorher eine andere Arbeit finden, sollen sie einen Bonus von 50% ihres Jahresgehalts bekommen. Das ist fair und schafft einen Anreiz, sich eine andere Arbeit zu suchen.

Ob für Unternehmen oder Regierungen, der Schlüssel zum Erfolg in der heutigen Welt heißt Effizienz, Effizenz, Effizienz. Nur wer dies erkennt und vor allem versteht, wird erfolgreich sein.

Die Meinung der Mitarbeiter zählt

Für ein Unternehmen sind Maschinen, Anlagen und Kapital enorm wichtig, aber in letzter Konsequenz nur Hilfsmittel. Entscheidend für Erfolg oder Misserfolg sind die Menschen. Sie sind das wertvollste Kapital jeder Firma.

Ich bin jetzt 55 Jahre als Unternehmer tätig. In dieser langen Zeit habe ich viele Erfahrungen gemacht, erfolgreiche und schwierige Phasen erlebt, manche Dinge angewendet und auch wieder verworfen, weil ich erkannt habe, dass sie nicht funktionieren oder dass es bessere gibt. Aber eine Erkenntnis ist über all die Jahre konstant geblieben: Ein Unternehmen wird Erfolg haben, wenn es Mitarbeiter hat, die motiviert sind und mitdenken. Ein Unternehmen wird aber langfristig erfolgreich sein und auch schwere Zeiten meistern, wenn die Mitarbeiter mit dem Herz dabei sind. Ist das Herz dabei, wird vieles möglich, was anderen nicht gelingt.

Es ist eine der wichtigsten Aufgaben des Managements, das Herz der Mitarbeiter zu gewinnen. Dazu braucht es Offenheit, Ehrlichkeit und Vertrauen. Und zwar täglich und in allen Situationen, auch jenen, die für das Unternehmen nicht angenehm sind. Loyalität der Mitarbeiter kann man sich nicht kaufen, sondern nur erarbeiten.

Dies gelingt nur, wenn ein faires und offenes Beriebsklima herrscht. Die Mitarbeiter dürfen keine Angst haben, wenn sie Dinge offen ansprechen oder Missstände aufzeigen, und sie müssen das Gefühl haben, dass sie ernst genommen werden und mehr sind als nur Kostenfaktoren, die ihre Arbeit verrichten.

Glaubt ein Mitarbeiter, dass er ungerecht oder unfair behandelt worden ist, muss er eine Möglichkeit haben, eine neutrale Stelle zu kontaktieren, die einen Schlichtungsprozess einleitet, der so ablaufen sollte: Zunächst sollte der Mitarbeiter von einem Fairness Komitee beraten werden und versuchen, den Fall intern zu lösen. Ist dies innerhalb von zwei Wochen nicht möglich, sollen die Mitarbeiter aus dem betroffenen Bereich die Möglichkeit einer geheimen Abstimmung über den Fall haben. Das Ergebnis dieser Abstimmung wäre bindend.

Generell sollte man Mitarbeitern Möglichkeiten geben, in geheimen Abstimmungen über wichtige Fragen zu entscheiden. Auch über Personen, von denen sie oder das Management glauben, dass sie sich nicht korrekt verhalten. Ich kann mir gut vorstellen, dass es zu diesem Vorschlag Kritik geben wird. Dieser halte ich aber entgegen, dass Mitarbeiter mündig und vernünftig genug sind, um ernste Fragen zu beurteilen. Jeder Angestellte oder Arbeiter weiß, wie hart es ist, den Arbeitsplatz zu verlieren. Es ist daher nicht notwendig, die Mitarbeiter in solchen Fragen zu bevormunden. Ich glaube deshalb fest, dass eine faire und geheime Abstimmung, ob man beispielsweise einer Person noch eine Chance geben sollte oder nicht, zu einem vernünftigen und bedachten Ergebnis führen würde.

Menschliches Kapital analysieren

Vor kurzem habe ich über das wertvollste Kapital jeder Firma geschrieben: Menschen. Es reicht aber nicht, Mitarbeiter fair zu behandeln und sie in Entscheidungen einzubinden. Man muss ihre Meinung auch hören wollen, hören können und richtig verstehen.

Börsenanalysten und Wirtschaftsprüfer analysieren das Finanzkapital, nüchterne Zahlen, um Schlüsse für die Bewertung einer Firma zu ziehen. Ich möchte heute nicht darauf eingehen, ob dies immer die richtigen Schlüsse sind. Die Finanzkrise hat schmerzvoll gezeigt, dass Bewertungen oft falsch waren und man ernsthaft über den Einfluss von »Rating-Agenturen« diskutieren muss.

Eine der wichtigsten Aufgaben von Führungskräften in einer Firma ist es, das menschliche Kapital zu analysieren – und die richtigen Schlussfolgerungen zu ziehen, um die Zusammenarbeit zwischen Mitarbeitern und Management laufend zu verbessern. Dahinter steckt aber mehr als die Anwendung von Management-Methoden aus dem Lehrbuch. Um zu erreichen, dass die Mitarbeiter nicht nur motiviert sind, sondern auch mit dem Herz bei der Sache sind, ist eine Kultur notwendig, die die Mitarbeiter in den Mittelpunkt stellt.

Bei Magna habe ich daher eine Mitarbeiterbefragung, die wir Meinungsspiegel nennen, eingeführt, die regelmäßig in allen Werken durchgeführt wird. Dabei können alle Mitarbeiter anonym ihre Meinung zur Situation im Betrieb, zum Verhalten der Manager und zur Einhaltung der Firmenprinzipien kundtun. Die Ergebnisse werden offen präsentiert und münden dort, wo Probleme oder Notwendigkeiten zur Verbesserung aufgezeigt wurden, auch in konkrete Maßnahmen.

Es ist für eine Führungskraft nicht einfach, wenn sie alle eineinhalb Jahre von allen Mitarbeitern beurteilt wird. Es gibt ja nicht nur positive Rückmeldungen, oft wird Kritik vorgebracht, werden Fehler aufgezeigt. Wenn ich mit Managern spreche, betone ich immer, dass man sich vor der Beurteilung durch die Mitarbeiter nicht fürchten darf. Im Gegenteil. Eine Firma kann nur erfolgreich sein, wenn Mitarbeiter und Management zusammenarbeiten. So werden Qualitätsprodukte zu wettbewerbsfähigen Preisen erzeugt. Es braucht Teamwork.

Dabei darf es keine »Chefs« und »Untergebenen« geben, sondern nur Mitarbeiter mit etwas mehr und etwas weniger Verantwortung für das Ganze. Die wichtigste Voraussetzung für echtes Teamwork ist, dass man einander offen die Meinung sagen kann, Probleme aufzeigt und nicht verdrängt und gemeinsam nach Lösungen sucht. Eine gute Führungskraft fördert dies und erkennt, dass eine Beurteilung durch Mitarbeiter keine Bedrohung ist, sondern eine Chance, etwas über die Mitarbeiter und vor allem von den Mitarbeitern zu lernen.

Eine einfache Erfolgsformel: Gewinne teilen, Mitarbeiter beteiligen

Meine kleine Firma, die ich 1957 als Ein-Mann-Betrieb gegründet habe, entwickelte sich gut. Bald wurde die gemietete Garage zu klein und ich errichtete meine erste Fabrik nördlich von Toronto. Die Pläne für die 300 Quadratmeter große Halle habe ich selbst entworfen.

Die Firma wuchs rasch, wir erhielten laufend neue Aufträge, doch mein Vorarbeiter, Herman Koob, verhielt sich plötzlich anders als sonst. Als ich ihn fragte, ob etwas nicht stimme, sagte er nur: »Nun, ich denke gerade darüber nach, mein eigenes Unternehmen zu gründen.« Ich konnte ihn sehr gut verstehen. Er fühlte sich genau wie ich, als ich ein paar Jahre früher bei einer Firma angestellt war und deren Werkstatt leitete. Herman wollte seinen eigenen Weg machen, sein eigener Chef sein. Wer könnte dies besser nachvollziehen als ich. Aber ich wollte ihn keinesfalls verlieren, da er ein ausgezeichneter Vorarbeiter war. Sein Abgang hätte das Wachstum der Firma verlangsamt. Außerdem war ich mir klar darüber, dass ein neuer Vorarbeiter auch irgendwann mit dem Wunsch, eine eigene Firma zu gründen, zu mir gekommen wäre.

Ich überlegte einen Tag und ging dann mit einer sehr einfachen Lösung auf Herman zu. Ich bot ihm an, Partner in der Firma zu werden. »Schau«, sagte ich zu ihm, »weshalb eröffnen wir nicht einfach eine zweite Fabrik und du wirst zu einem Drittel Miteigentümer davon.« Wir entwarfen sofort einen Vertrag, in dem die Beteiligung und die künftige Bezahlung von Herman festgehalten war. Er erhielt ein Grundgehalt, aber keine Überstundenzulagen mehr. Dafür bekam er jeweils einen Anteil am Gewinn, den die neue Fabrik machte.

Herman hatte nicht viel Geld, um zu investieren, aber er war enorm motiviert und engagiert. Also eröffnete ich eine zweite Fabrik, übergab Herman die Leitung und machte ihn zum Miteigentümer.

Die neue Fabrik entwickelte sich hervorragend. In nur zwei Jahren, wuchs die Anzahl der Mitarbeiter von zehn auf 50. Weil er Miteigentümer war, arbeitete Herman fast Tag und Nacht. Er wusste aber genau: Je mehr Geschäft er macht, je mehr Aufträge er an Land zieht und erfolgreich erfüllt, desto mehr Geld kann er verdienen. Und für das Gesamtunternehmen war dies ebenfalls sehr gut und wichtig. Also ging ich zum nächsten Vorarbeiter und setzte mit ihm dasselbe Modell um, dann zum nächsten und so weiter. Schon bald verfügte ich über mehrere Fabriken, jede davon geleitet von einem Manager, der daran auch beteiligt war.

Dieses Modell der fairen Partnerschaft wurde zur Basis für die einzigartige dezentrale Struktur, die Magna mit 305 Standorten weltweit heute auszeichnet. Alle von Managern geführt, die durch die Gewinn- und Unternehmensbeteiligung nicht wie Angestellte, sondern wie Unternehmer im Unternehmen denken und handeln.

Wir haben also ein relativ einfaches System entwickelt, das die berühmte Harvard Business School Jahre später »Magna Erfolgsformel« genannt hat. Ich habe dafür eine wesentlich einfachere Bezeichung: Gib einfach jedem ein Stück des Kuchens, an dem er mitgebacken hat.

Wie Innovationen entstehen ...

In jedem Wirtschaftszweig wird von der Bedeutung von Innovationen gesprochen. Oft sind dies aber Schlagworte, denn kein Unternehmen würde heute mehr von sich behaupten, nicht innovativ zu sein. Aber was zeichnet ein innovatives Unternehmen aus? Und wie entstehen Innovationen?

Drei Dinge sind wichtig. Erstens: Innovationen kommen immer von Menschen, niemals von Maschinen oder Anlagen. Es braucht daher eine Kultur, die innovatives Denken fördert. Zweitens: Innovationen werden nicht nur von Managern hervorgebracht. Viele der besten neuen Produktideen entstehen von unten nach oben, von Ingenieuren oder aus dem Produktionsbereich, wo jene Menschen arbeiten, die am nächsten am Produkt und den Kundenbedürfnissen sind. Und drittens: Ein Unternehmen, das nicht in Forschung und Produktentwicklung investiert, wird im globalen Wettbewerb auf Dauer keine Chance haben. Daher suchen wir in unserem Unternehmen auch ständig nach Wegen, um neue Produkte und Lösungen für unsere Kunden zu entwickeln.

Aber – und damit knüpfe ich an das an, was ich zuvor gesagt habe – wir setzen bei Magna auch stark auf die Einbeziehung aller Mitarbeiter, weil diese oft sehr wertvolle Ideen und Vorschläge haben. Wer das geistige Potenzial seiner Mitarbeiter nicht schätzt und nützt, macht einen großen Fehler. Wir haben daher verschiedene Programme eingeführt, die die Mitarbeiter anregen und ermutigen sollen, ihre eigenen Ideen vorzubringen. Die besten werden ausgewählt, die Einreicher erhalten Geldprämien und ihre Ideen werden dann in unseren Innovationszentren, wie etwa auch am Frank Stronach Institut an der Technischen Universität Graz, weiterentwickelt. Sollte eine Idee so gut sein, dass sie sich in ein neues Produkt umsetzen lässt, bekommt der Mitarbeiter, von dem die Idee stammt, die Chance, an einer eigens neu gegründeten Firma beteiligt zu werden. Magna würde die Firma gründen und ihn an der Firma beteiligen. Der Ideengeber würde somit zum Unternehmer werden.

Viele Innovationen, die Magna in der Autoindustrie entwickelt hat, sind auf diese Weise entstanden. Aber auch in anderen Branchen haben von Magna entwickelte Technologien erfolgreich Einzug gehalten. So haben wir beispielsweise ein Touchscreen-Glas entwickelt, das heute Mobiltelefonen, Computern usw. eingesetzt wird.

Ich habe den Eindruck, dass wir heute einen Mangel an Personen haben, die beides beherrschen, nämlich den Produktionsprozess verstehen und die Fähigkeiten besitzen, neue Technologien und Produkte zu entwickeln. Wir machen uns zu wenig Gedanken darüber, wie wir Dinge konkret herstellen können. Und gefährden damit Arbeitsplätze und unseren Wohlstand. Daher müssen wir gezielt an einer neuen Generation innovativer Köpfe arbeiten, die die Kreativität, das Können, aber auch das unternehmerische Denken haben, um neue Produkte zu entwickeln und dann auch wettbewerbsfähig zu produzieren. Ich bin davon überzeugt, dass es in Österreich genügend solcher heller Köpfe gibt – wir müssen sie nur richtig motivieren, fördern und ihnen die Möglichkeit zur Entfaltung geben.

Verkaufe deine Armbanduhr

Ich werde oft von jungen Menschen gefragt, welche Ratschläge ich ihnen für ihre Karriere geben könne. Ich antworte dann Folgendes:

Probiere verschiedene Dinge aus. Finde heraus, was du wirklich gerne tust. Was man gerne tut, macht man meist auch gut. Und wenn du dich dann auch noch mehr anstrengst als die anderen, kannst Du zu den Allerbesten in deinem Bereich zählen. Macht man etwas gerne und sehr gut, sind Geld und Erfolg reine Nebenprodukte.

Ich werde nie meine erste Aufgabe als 14-jähriger Lehrling vergessen. Ich musste aus einem Metallblock von Hand einen perfekten Würfel feilen. Dies war anstrengend und mühsam. Aber ich habe gelernt, was ein guter Werkzeugmacher braucht – nämlich Präzision, Geduld und Ausdauer. Eigenschaften, die mir in meiner gesamten Karriere sehr geholfen haben. Und eigentlich habe ich mit dem Feilen niemals aufgehört. Auch Firmenstrukturen müssen laufend nachgefeilt werden, um sie an veränderte Bedingungen anzupassen. Und noch etwas habe ich von dieser ersten Aufgabe mitgenommen: stolz auf das zu sein, was man tut, egal wie klein die Aufgabe ist. Wenn es dich nicht mit Stolz erfüllt, etwas gut zu können, und wenn diese Haltung nicht tief in dir verwurzelt ist, kommst du über Mittelmaß nicht hinaus.

Jemandem, der eine eigene Firma gründen möchte, empfehle ich, einfach über die Erfahrungen nachzudenken, die man selbst mit Produkten oder Dienstleistungen gemacht hat. Jeder war schon einmal frustriert, weil er ein schlechtes Produkt gekauft hat oder schlecht bedient worden ist. Es gibt viel Mittelmaß am Markt. Daher sollte man sich als Firmengründer nur auf Bereiche konzentrieren, von denen man überzeugt ist, dass man sie besser kann als andere. Im Prinzip funktioniert Wirtschaft sehr einfach: Alles, was man tun muss, ist ein besseres Produkt oder besseres Service zum besseren Preis zu bieten.

Wenn die Firma einmal läuft, gibt es wenige, dafür sehr wichtige Prinzipien. Gib nicht mehr aus, als du einnimmst, und schau immer, dass etwas Geld auf der Bank ist. Ich habe noch nie eine Firma pleite gehen gesehen, die Geld auf der Bank hatte.

Der letzte Aspekt ist Arbeit, harte Arbeit. Fragen mich junge Menschen, was das Erste ist, das sie tun sollen, wenn sie eine Firma gründen, sage ich: »Verkaufe deine Armbanduhr und kaufe einen Wecker.« Eine eigene Firma bedeutet viele Arbeitsstunden am frühen Morgen, spät in der Nacht oder am Wochenende. Wenn ich alle Arbeitsstunden meiner Laufbahn zusammenrechne, kommt eine unglaubliche Zahl heraus. Es gab Zeiten, als ich zwei, drei Tage und Nächte durchgearbeitet habe, um einen Auftrag zu erfüllen. Vor allem in meinen jungen Jahren, wenn ich zum Luftschnappen kurz vor die Firmentür ging und dabei junge Pärchen auf dem Weg ins Kino sah, habe ich mich oft gefragt: »Warum mache ich das?«

Die Antwort hat mir das Leben gegeben. Das befriedigende Gefühl, ein eigenes Unternehmen gegründet zu haben, es wachsen zu sehen und damit ökonomische Unabhängigkeit zu erlangen, überwiegt die Entbehrungen der Anfangsjahre bei weitem. Und wenn mich jemand fragt, ob ich es wieder so machen würde, sage ich: »Ja, genau so.«

Papier kann man nicht essen

Es hat mich traurig gestimmt, dass wir uns im letzten Jahr von vielen guten, fleißigen Mitarbeitern trennen mussten, weil auch Magna – ohne dass wir Fehler gemacht hätten – von der Wirtschaftskrise hart getroffen wurde. Eine Krise, die in Amerika ihren Ausgang nahm und sich rasant über die Welt verbreitet hat.

Diese Krise hatte ihren Ursprung auf den Finanzmärkten, die völlig außer Kontrolle geraten sind und die von Firmen dominiert wurden, die mehr wie Casinos agiert haben denn wie solide Finanzunternehmen. Wir dürfen uns darüber aber nicht wundern, denn die Finanzmärkte konnten aus einem einfachen Grund so aus dem Ruder laufen: Die Regierungen haben es verabsäumt, klare und strenge Regeln zu schaffen, die ordentliche, vernünftige Finanztransaktionen sicherstellen. Wie kann es sonst sein, dass an den Börsen viel mehr und schneller Geld verdient werden kann als in der Industrie, wo Arbeitsplätze geschaffen, Fabriken gebaut und Produkte erzeugt werden. Da stimmt doch etwas im System und der Gesetzgebung nicht.

Die Finanzindustrie erinnert mich oft an das Sesseltanz-Spiel, das bei Kindergeburtstagen gerne gespielt wird. Wenn die Musik beim Kinderspiel stoppt, fehlt ein Sessel und man scheidet aus, wenn man sich nicht rechtzeitig hinsetzen konnte. Wenn in der Finanzindustrie die Musik aufhört, bleiben aber viele Menschen auf der Strecke, mit wertlosen Papieren in ihren Händen.

Ich mache mir schon lange Sorgen darüber, dass wir uns als Gesellschaft immer weiter davon entfernen, Güter und Sachen zu produzieren. Wir entwickeln uns immer mehr von einer Realwirtschaft, die Produkte herstellt, zu einer Finanzwirtschaft. Oder, mit anderen Worten: zu einer Wirtschaft, in der immer mehr Menschen damit beschäftigt sind, Papiere hin und her zu schieben. Ein gefährlicher Weg. Denn mit Papier kann man keine Häuser oder Maschinen bauen, Papier kann man nicht essen.

Wir wenden unsere Gedanken immer weniger dafür auf, wie wir realen Wohlstand schaffen können, sondern sind immer mehr damit beschäftigt, unseren schwindenden Wohlstand umzuverteilen. Wir müssen uns darüber im Klaren sein, dass der Niedergang im Produktionssektor massive Auswirkungen auf die gesamte Wirtschaft haben wird und uns zusätzlich einen der wichtigsten Antriebe für technischen Fortschritt nimmt. Wir müssen sehr aufpassen, dass wir unsere Fabriken und Bauernhöfe nicht derart zerstören, dass wir irgendwann so weit kommen, alles von weit her importieren müssen. Wenn wir diesen Weg weitergehen, verlieren wir viele gutbezahlte und qualifizierte Arbeitsplätze, die auch nie mehr zurückkommen. Damit verlieren wir einen Gutteil unserer wirtschaftlichen Unabhängigkeit. Und wir werden zusehen müssen, wie unsere Exporte schwinden – und damit unser hoher Lebensstandard.

Wenn ich Bundeskanzler wäre ...

Wer kennt diese Situation nicht? Man sitzt im Wirtshaus und hört Menschen sagen: »Wenn ich Bundeskanzler wäre, dann würde ich ...« Und dann wird leidenschaftlich diskutiert, was man alles tun müsste, um das Land zu verbessern.

Dieser Wunsch »normaler« Bürger, einmal allen zu sagen, was im Land nicht richtig läuft und was zu tun wäre, hat mich vor 17 Jahren inspiriert, in Kanada einen Wettbewerb für Studenten ins Leben zu rufen, ihre Ideen zur Verbesserung des Landes öffentlich zu präsentieren. Zu dieser Zeit litt Kanada – so wie auch viele europäische Länder besonders heute – unter einem großen Budgetdefizit und war überdies von einer Teilung bedroht, nachdem es in Quebec eine Volksabstimmung für die Loslösung von Kanada gegeben hatte.

Ich habe den Wettbewerb »Canada's Next Great Prime Minister« genannt, »Kanadas nächster bedeutender Premierminister«. Damit wollte ich die Jugend inspirieren, über die Zukunft ihres Heimatlandes nachzudenken, und ihr auch eine Plattform bieten, diese Ideen einer breiten Öffentlichkeit zu präsentieren. Begonnen hat es mit einem Aufsatzwettbewerb, mittlerweile ist daraus eine große Fernsehsendung geworden, die in ganz Kanada ausgestrahlt wird. Die Finalisten, die voller Tatendrang ihre Ideen und Pläne für das Land präsentieren und diskutieren, werden dabei von ehemaligen Premierministern und dem Publikum bewertet. Die Rechte für diesen Wettbewerb wurden inzwischen an Fernsehsender auf der ganzen Welt – einschließlich Deutschland – vergeben, weitere Anfragen liegen bereits vor.

Heute, 17 Jahre nachdem dieser Wettbewerb das erste Mal stattgefunden hat, sind die Herausforderungen, welchen sich Kanada, Österreich und andere westliche Staaten gegenübersehen, immer noch dieselben. Hohe Staatsausgaben und -verschuldung, hohe Steuern, Verlust von hoch qualifizierten Arbeitsplätzen, um nur wenige zu nennen. Die Globalisierung, die Anfang bis Mitte der 1990er-Jahre begonnen hat, vieles zu verändern, ist heute selbstverständlicher Teil unseres Wirtschaftslebens. Andere Faktoren haben an Bedeutung gewonnen – das stärkere Umweltbewusstsein im positiven, der zunehmende Terrorismus im negativen Sinne. Aber ein Aspekt bleibt unverändert an der Spitze der nationalen Agenda jedes Landes: Wirtschaftswachstum. Nur damit können wir Arbeitsplätze erhalten, neue schaffen und unseren Lebensstandard sichern.

Ich habe immer betont, dass es einfach ist, etwas zu kritisieren, aber ungleich schwerer, vernünftige Lösungen vorzuschlagen. Auch aus diesem Grund war es mir wichtig, die besten jungen Köpfe des Landes anzuregen, ihre Ideen vorzubringen. Über die Jahre sind dabei einige sehr gute Ideen entstanden, die jungen Leute zeigten viel Kreativität, Mut und Einsatz und einige von ihnen bekleiden heute sogar gewählte politische Ämter.

Wenn wir neue Visionen für unser Land entwickeln, müssen wir unsere Jugend miteinbeziehen. Denn niemand hat ein größeres Interesse an der langfristigen Zukunft unseres Landes. Ich möchte diesen Wettbewerb auch in Österreich initiieren, wir sollten unsere Jugend anspornen, nicht nur Next-Superstar oder Next-Topmodel werden zu wollen, sondern auch Österreichs kommender Bundeskanzler.

Die Achillesferse der Demokratie

Über die Notwendigkeit von Bürokratieabbau und Einsparungen in der Verwaltung habe ich schon gesprochen. Beides ist notwendig, um ein Land im globalen Wettbewerb konkurrenzfähig zu machen und die finanzielle Stabilität eines Landes zu erhöhen, was auch zu einer stabilen Demokratie führt. Heute möchte ich ein paar Gedanken zur Demokratie an sich mit Ihnen teilen und beschreiben, was ich die Achillesferse der Demokratie nenne.

Im Laufe meines Lebens habe ich viele Politiker aus zahlreichen Ländern getroffen – Staatspräsidenten, Senatoren, Ministerpräsidenten und Kanzler. Ich habe großen Respekt vor Politikern, die im Interesse ihres Landes tätig sind. Auch meine Tochter war lange in der Politik und sogar Ministerin (in der kanadischen Regierung; Anm. der Redaktion). Obwohl die meisten Politiker gute Absichten haben und ihrem Land dienen wollen, ist es ihr vorrangiges Ziel, gewählt und nach einer Periode von vier, fünf Jahren wiedergewählt zu werden.

Ich meine das nicht zynisch. Dies ist ein natürliches Verhalten, wenn man im Amt bleiben möchte. Das Dilemma westlicher Demokratien ist somit, dass die Regierungen – sie sind das Management-Team eines Landes – einerseits Staaten lenken müssen, was auf langfristigen Überlegungen beruhen sollte, ihre Entscheidungen aber andererseits auf (partei)politischen, kurzfristigen Überlegungen beruhen. Das nenne ich die Achillesferse der Demokratie.

Wir müssen also einen Weg finden, die politische Führung eines Staates mit einer sozial-okönomischen Führung, die längerfristig ausgerichtet ist und keinen parteipolitischen Einflüssen unterliegt, auszubalancieren. Dafür brauchen wir neue politische Rahmenbedingungen, die vor allem den politischen Entscheidungsprozess mit einem sozialökonomischen Entscheidungsprozess ins Gleichgewicht bringen. Ich bin davon überzeugt, dass dies die Regierungsarbeit nachhaltiger, leistungsfähiger und verantwortungsbewusster im Sinne der langfristigen Interessen des Landes machen würde.

Schon der große Staatsmann und Parlamentarier Winston Churchill hat sich für die Schaffung einer nichtpolitischen Bürgervertretung ausgesprochen, die – gänzlich frei von parteipolitischen Überlegungen – innerhalb des Parlaments arbeiten sollte. Churchill argumentierte, dass diese Kammer eine kompetente und neutrale Überprüfung wesentlicher Themen vornehmen könnte – und zwar aus nationaler und nicht aus parteipolitischer Sicht. Er war davon überzeugt, dass das englische Unterhaus dazu nicht imstande war. Aus einem einfachen Grund: Weil seine Mitglieder parteipolitischen Interessen verpflichtet waren.

In der nahen Zukunft möchte ich darstellen, wie ich mir eine solche Bürgervertretung in Österreich vorstellen könnte und warum es für das Land besser sein könnte, wenn wir den Mut hätten, diese politische Reform umzusetzen.

Die Mobilität der Zukunft

Man muss kein Wissenschafter sein, um zu erkennen, dass die Öl- und Gasreserven der Erde rasch zur Neige gehen. Der tägliche weltweite Erdölverbrauch von Los Angeles bis Shanghai, von London bis Rio de Janeiro ist wie ein riesiger Fluss, der in den Ozean fließt. Und dieser Fluss wird bald austrocknen.

Fossile Brennstoffe treiben Autos an, lassen Maschinen in der Industrie laufen, heizen unsere Häuser. Unter den momentanen Voraussetzungen und hohen Verbrauchsraten ist das nicht nachhaltig. Daher zählen Entwicklung von alternativen Brennstoffen und Strategien für alternative Energien zu den größten Herausforderungen für die Zukunft unserer Gesellschaft.

Ich bin überzeugt, dass die Autoindustrie eine Vorreiterrolle einnehmen und diese Entwicklung beschleunigen wird. Eine Entwicklung, die unsere Lebensweise massiv verändern wird. Im kommenden Jahrzehnt wird ein großer Markt für Autos entstehen, die elektrisch oder mit anderen alternativen Antrieben fahren werden. Die Nachfrage wird einerseits durch steigende Ölpreise wachsen, andererseits durch das verstärkte Bewusstsein für Umweltschutz und Reduktion von Treibhausgasen. Auch der Wunsch, dass die individuelle Mobilität nicht eingeschränkt werden soll, wird den Bedarf an alternativen, umweltfreundlichen Transportmitteln steigen lassen.

Ich bin 55 Jahre in der Autoindustrie tätig und habe vieles erlebt, auch die Folgen der Ölkrise 1973. Meine Erfahrung zeigt, dass man rechtzeitig über Alternativen nachdenken muss, bevor man durch einschneidende Ereignisse dazu gezwungen wird. Daher habe ich dafür gesorgt, dass Magna früh begonnen hat, intensiv an Elektroautos zu arbeiten. In den nächsten Jahren werde ich mich persönlich noch stärker darauf konzentrieren, weil dies einer der wichtigsten Zukunftsbereiche der Autoindustrie ist. Da am Anfang viel Forschung betrieben und investiert werden muss, braucht dieser Bereich eine starke Führung, die nicht von kurzfristigen Gewinnüberlegungen, sondern von einer langfristigen Vision getragen ist.

Momentan sind wir bei Magna dabei, das Automobil neu zu entwickeln, ja neu zu erfinden. Ein echtes Elektroauto ist kein herkömmliches Auto, in das eine Batterie gepackt wird, sondern ein völlig neues Fahrzeugkonzept. Parallel arbeiten wir an Batteriesystemen, die das Herz jedes Elektroautos bilden und dessen Leistung und Reichweite bestimmen. Damit wird Magna zu einem der wenigen Unternehmen, die alles abdecken – von Batteriezellen über elektrische Systeme bis zum Gesamtfahrzeugkonzept. Ich hoffe, dass ein Teil dieser Entwicklungen auch in Österreich stattfindet. Damit könnten wieder Österreicher dabei sein, wenn die Zukunft der Autoindustrie gestaltet wird. So, wie Johann Puch, der vor über 100 Jahren die Grundlagen für die heutige Autoindustrie in Österreich gelegt hat.

Das Streben nach wirtschaftlicher Freiheit

Je globaler die Welt wird, desto wichtiger wird es, über die Gestaltung der Gesellschaft nachzudenken. Dazu ist es notwendig, Hoffnungen, Träume und Sehnsüchte der Menschen zu verstehen.

Ich glaube, dass die meisten Menschen zwei grundlegende Wünsche teilen: den Wunsch nach persönlicher Freiheit, um selbst über ihren Weg zum Glück entscheiden zu können, und das Streben, wirtschaftlich frei und finanziell unabhängig zu sein. Die Realität zeigt, dass Menschen nicht richtig frei sind, solange sie keine wirtschaftliche Freiheit haben.

Wir haben uns lange bemüht, Menschenrechtsverfassungen zu schaffen. Dies war sehr wichtig. Wir dürfen Grund- und Freiheitsrechte nie als gesichert ansehen, müssen um sie kämpfen. Wir sollten aber mehr darüber nachdenken, wie Menschen wirtschaftliche Freiheit erlangen können. Wir brauchen Wirtschaftsrechtsverfassungen, die für die arbeitende Bevölkerung das Recht verankern, an Unternehmen und Gewinnen beteiligt zu werden, um eigenes Kapital aufbauen zu können.

Viele westliche Staaten, auch Österreich, konzentrieren sich fast nur darauf, Regeln für Gleichheit und Umverteilung zu entwickeln, anstelle zu überlegen, wie wir zusätzlichen Wohlstand schaffen können. Wollen wir dies, müssen wir das System der freien Wirtschaft erhalten. Ohne freie Wirtschaft gibt es keine freie Gesellschaft. Ich weiß, dass eine freie Wirtschaft auch Gefahren birgt, vor allem wenn ungezügelte Gier überhand nimmt. Die von ungeregelten Märkten ausgelöste Finanzkrise hat dies drastisch gezeigt.

Den Weg, Gerechtigkeit und freie Wirtschaft zu vereinen, nenne ich Fair Enterprise (faires Unternehmen). Die Grundüberlegung ist, dass Menschenrechtsverfassungen durch Wirtschaftsrechtsverfassungen ergänzt und verstärkt werden müssen. Letztere basieren auf sozialökonomischer Gerechtigkeit und stellen unter anderem sicher, dass Mitarbeiter ein Recht haben, an Gewinnen beteiligt und Miteigentümer des Unternehmens zu werden, und ein Großteil des Gewinnes im

Inland investiert wird. Firmen, die dies erfüllen, sollten weniger Steuern bezahlen, was ein Anreiz wäre, nach diesen Prinzipien zu handeln. Sie könnten dadurch auch wettbewerbsfähiger werden, weil die Mitarbeiter als Miteigentümer motivierter wären. Länder hätten den Vorteil, dass Unternehmen mehr zur gerechten Vermögensverteilung beitragen.

Die soziale, politische und wirtschaftliche Stabilität eines Landes bilden ein Gewebe, dessen Reißfestigkeit von der Stärke der einzelnen Fasern abhängt. Die Geschichte hat gezeigt, wie wichtig die wirtschaftliche Faser ist. Oft haben Wirtschaftskrisen zu politischen und sozialen Unruhen geführt. Unternehmen sind die Weber, die diese Faser verarbeiten und das Gesamtgewebe stärken. Dies können sie am besten, wenn sich ihre drei treibenden Kräfte – Management, Mitarbeiter und Kapital – in einer Balance befinden, die entsteht, wenn jede dieser Kräfte am Erfolg des Unternehmens partizipieren kann. Fair Enterprise ist ein Modell, dieses Gleichgewicht dauerhaft zu halten.

Ein glücklicher Mensch

Ich würde mich als glücklichen Menschen bezeichnen. Glück spielt in vielen Lebensbereichen eine Rolle. Ich glaube daran, dass man sein eigenes Glück finden und sich neue Möglichkeiten eröffnen kann. Man muss aber gezielt daran arbeiten.

In der Nähe meines Hauses in Kanada sind die Stallungen meiner Rennpferde. Ich gehe meist über die Wiese zu den Stallungen und zurück zum Haus. Dabei schaue ich immer, ob ich ein vierblättriges Kleeblatt finde. Vielleicht bin ich ein wenig abergläubisch, vielleicht reizt mich aber auch nur die Herausforderung, eines dieser seltenen Exemplare zu finden. Jedenfalls bücke ich mich oft, suche – und an den meisten Tagen finde ich tatsächlich eines oder sogar mehrere.

In der Wirtschaft wie im normalen Leben sind Glück und neue Möglichkeiten oft mit harter Arbeit verbunden. Einer der populärsten Schriftsteller Kanadas ist der Humorist Stephen Leacock. Ich schätze besonders seine Fähigkeit, zeitlose Wahrheiten in geistreicher Weise zu formulieren. Einer meiner Lieblingssätze von ihm lautet: »Ich glaube ans Glück – je härter ich arbeite, desto mehr Glück habe ich.«

Ich denke oft an ein Inserat, das ich einmal in einer Zeitung gelesen habe: »Hund vermisst! Gesucht wird ein schwarzer Labrador mit verkrüppeltem Bein. Wurde schon von einem LKW überfahren und von einem Jäger angeschossen. Hat eine große Narbe auf dem Rücken, ist alt und halbblind. Hört auf den Namen ›Lucky‹ (Glückspilz).«

Manchmal fühle ich mich wie dieser Labrador, manchmal wie der Ahornbaum, der neben unserer Firmenzentrale in Kanada steht. Er ist über 100 Jahre alt. In den 1980er-Jahren schlug ein Blitz ein, dessen Wucht den Stamm spaltete und alle Äste abriss. Nur ein einziger Ast verblieb und wuchs auch weiter. Eine Künstlerin bat mich, diesen außergewöhnlichen Baum im Wechsel der Jahreszeiten malen zu dürfen. Ihre Bilder zeigen ihn im Frühling, Sommer, Herbst und Winter. Die Serie nannte sie »Endurance« (Ausdauer).

Als wir eine Baustelle auf unserem Gelände hatten, ließ ich den Baum einzäunen, damit er nicht durch Bagger beschädigt oder irrtümlich als abgestorben betrachtet und gefällt würde. Ich dachte mir: Wenn er es schon so weit geschafft hat, ist es das Mindeste, ihm die Chance zu geben, ums Überleben zu kämpfen. 20 Jahre später, vor zwei Jahren, erklärte ein Baumexperte, dass der Ahorn den Winter nicht überstehen würde, weil der Stamm morsch und von Ameisen befallen sei. Im folgenden Frühling blühte der verbliebene Ast aber wieder auf. Allerdings war ein Teil des Stammes abgebrochen und der Ast hing bedrohlich zu Boden. Also brachten wir eine hölzerne Stütze an und richteten den Ast wieder auf.

Mein täglicher Weg ins Büro führt mich an diesem Ahornbaum vorbei und ich gebe zu, dass ich ihn bewundere – für seine Zähigkeit und seine Narben, die von dem, was er schon alles überstanden hat, zurückgeblieben sind. Jedes Mal, wenn man glaubt, das war es nun, jetzt fällt er um, beweist er Lebenskraft und blüht auf. Irgendwie, denke ich, haben dieser Baum und ich etwas gemeinsam.

Universitäten – fit für den globalen Wettbewerb?

Vermitteln wir unserer Jugend die Fähigkeiten, um Innovationen zu entwickeln? Bilden wir Führungskräfte aus, die Firmen aufbauen, Arbeitsplätze schaffen und zum Wohlstand beitragen? Geben unsere Universitäten jungen Menschen das Wissen und die Fertigkeiten mit, um in der globalen Wirtschaft bestehen zu können?

Ich glaube, dass viele Universitäten relativ weit von der Realität des harten, globalen Wettbewerbs entfernt sind. Möglicherweise dreht sich die Welt sogar zu schnell für sie. Oft ist ein Teil des Wissens schon an jenem Tag überholt, an dem ein neues Lehrbuch publiziert wird. Oder man forscht und lehrt in Bereichen, die zu weit von einer praktischen Anwendung entfernt sind. Gerade in Zeiten knapper öffentlicher Mittel müssen wir uns die Frage stellen, worauf wir uns konzentrieren sollen.

Gibt es ein Patentrezept? Nein, aber ich bin überzeugt, dass es besser wäre, kleinere, spezialisierte Universitäten zu bilden und diese als Kooperation zwischen öffentlicher Hand und Privatwirtschaft zu führen. Dies würde die Finanzierung erleichtern und helfen, bedarfsgerechte Lehr- und Forschungsinhalte zu entwickeln. Dies wäre in vielen Sektoren möglich, von der Industrie oder Landwirtschaft bis in die Biomedizin und -chemie. Nehmen wir die Landwirtschaft. Wenn es uns gelänge, führende Institute im Bereich landwirtschaftlicher Forschung und Lehre zu etablieren, könnte unser Land zum Zentrum für die besten, natürlichsten und gesündesten Nahrungsmittel der Welt werden. Jeder kann sich vorstellen, wie positiv dies für unsere Wirtschaft und die Chancen unserer Jugend wäre. Mit weiteren kleinen, hochspezialisierten Universitäten könnten wir in vielen Industrien Wettbewerbsvorteile erzielen, indem wir gezielt innovative Technologien, Materialien, Prozesse und Fertigungsmethoden entwickeln. Ich meine, dass beide Seiten – die Wirtschaft und die öffentliche Hand – großes Interesse daran hätten, derartige Universitäten zu gründen und von ihnen zu profitieren. Viele der besten Universitäten der Welt beruhen ja bereits auf dem Modell einer Partnerschaft zwischen

Staat und Privatwirtschaft, einer sogenannten Private-Public-Partnership.

Es ist mir wichtig, Ideen nicht nur auszusprechen, sondern auch umzusetzen. Ich habe daher zwei derartige Institutionen errichtet, das Stronach Centre for Innovation in Kanada und das Frank Stronach Institut (FSI) an der Technischen Universität Graz. Ersteres ist eine Kooperation zwischen Magna, der Regionalregierung, acht Universitäten, vier Colleges und einem Forschungskonsortium. Das FSI umfasst vier Lehrstühle an der TU Graz und ist die erste Kooperation dieser Art in Österreich. An beiden Einrichtungen wird an Zukunftstechnologien für die Autoindustrie gearbeitet, mit dem Ziel, akademische Theorie, wirtschaftliche Praxis und die Anforderungen des Marktes von Beginn an zu kombinieren. Es gibt aber noch ein anderes Ziel, das noch wichtiger ist – die Ausbildung junger Menschen zu hervorragenden Technikern und Ingenieuren, die aber gleichzeitig Führungskräfte mit hohem sozialökonomischen Verständnis sind. Ich nenne sie »innovative Führungskräfte«. Diese brauchen wir, wenn wir im globalen Wettbewerb bestehen wollen. Denn das menschliche Kapital ist und bleibt das wichtigste Kapital, das wir als Gesellschaft haben.

Meine Leidenschaft für Pferde

Pferde sind noble Geschöpfe. Elegant, aber mit urwüchsiger Kraft. Sie haben eine große Rolle in der Entwicklung der Zivilisation gespielt, vom Ackerbau über Kriegszüge bis zur Entdeckung neuer Kontinente. Ohne Pferde wäre die Welt ärmer. Ich möchte zeigen, dass sich Leidenschaft, Respekt vor dem Lebewesen und Wirtschaft verbinden lassen.

Für mich sind Pferde ein Ausgleich zur mechanisierten Autoindustrie, wo Motoren, Getriebe und Teile vermessen werden, exakt bis zu Bruchteilen eines Millimeters. Passt etwas in der Produktion nicht, kann man die Maschinen stoppen und neu einrichten. Pferde hingegen sind natürlich, lebendig, wild. Sie sind unberechenbar und komplex, wie wir Menschen. Man muss lernen, sie zu verstehen, ihren

Charakter und ihre Stimmungslage zu erkennen. Dennoch kommt es vor, dass ein Pferd urplötzlich scheu reagiert. Diese Unberechenbarkeit macht Pferde so faszinierend.

Der Bauer, der mir 1961 mein erstes Pferd – es hieß Tanjo – verkaufte, lud mich ein, ihn auf die Rennbahn zu begleiten. Ich war fasziniert von allem – den Menschenmengen aus allen Bereichen der Gesellschaft, die mitfieberten und wetteten, den spannenden Zieleinläufen und der Freude über Siege. Seit diesem Tag bin ich vom »Sport der Könige« begeistert. Am meisten beeindruckt hat mich aber die größte Herausforderung im Pferdesport – ein Lebewesen so zu trainieren, seine rohe Kraft und Schnelligkeit so zu bündeln, dass aus ihm ein Champion wird.

Pferderennen sind in vielen Ländern grosse Ereignisse. Beim Kentucky Derby etwa, dem wichtigsten Rennen der USA, bevölkern über 150 000 Zuschauer die Rennbahn, Millionen fiebern via Fernsehen mit. Damit wird Pferdesport zum wichtigen Wirtschaftsfaktor – für Städte, Regionen, Rennbahnen und Züchter. Auch Österreich hätte eine große Tradition im Pferdesport, die bis in die Monarchie zurückreicht, als einige der wichtigsten Rennen Europas hier stattfanden. Ich verstehe nicht, weshalb wir uns nicht stärker bemühen, daran anzuknüpfen, zumal dies einige Wirtschaftszweige fördern und Arbeitsplätze bedeuten könnte.

Ich kann heute sagen, dass ich weltweit einer der erfolgreichsten und führenden Züchter und Eigentümer von Rennpferden bin. In manchen Jahren hat der Rennstall meiner Familie nur an Preisgeldern über 10 Millionen Dollar verdient. Ich bin stolz, dass ich mir alles hart erarbeitet und von der Pike auf gelernt habe. Ich habe Ställe ausgemistet und geholfen, Fohlen auf die Welt zu bringen. Ich kann das Bein eines Pferdes anfassen und weiß sofort, ob es richtig beschlagen wurde. Auf der Rennbahn findet man mich meist hinter den Tribünen im Gespräch mit Trainern oder Stallburschen und nicht Champagner trinkend im VIP-Club. Denn in meinem Innersten bin ich immer und zuallererst ein Reiter und Pferdeliebhaber geblieben.

Bald möchte ich Gedanken über Pferde und Tourismus mit Ihnen teilen.

Tourismus im Galopp

*Ich habe ich versucht, Ihnen meine Leidenschaft für Pferde näherzu-
bringen. Pferde haben auch für die Wirtschaft immer eine große Rolle
gespielt. In Österreich könnten wir dies besser nutzen, weil unser Land
die besten Voraussetzungen dafür hätte.*

Einer meiner Lieblingsplätze ist meine Pferdefarm in Bourbon
County in Kentucky (USA). Unendliches Grasland, berühmt für
seine Pferdegestüte und Whiskeys. Am liebsten bin ich im Frühling
dort, wenn die Wiesen saftig grün sind. Bei Sonnenaufgang, wenn
Nebelfetzen über den Weiten hängen, herrscht eine mystische Atmosphäre. Selbst wenn ich nur wenige Tage dort verbringe und die Pferde
beobachte, wie sie über die Felder galoppieren, regeneriere ich geistig
und körperlich. Ich verlasse meine Farm immer wie neugeboren.

Nach harten Arbeitstagen war es für mich die schönste Entspannung, über die Felder in den Sonnenuntergang zu reiten. Oft habe
ich mich dabei gefühlt wie Gary Cooper in einem alten Western. Ich
bin überzeugt, dass viele Menschen dieses Gefühl genießen würden,
wenn sie Gelegenheit dazu hätten.

Österreich ist eines der schönsten Länder der Erde, gesegnet mit
einer wunderbaren Natur, traumhaften Wäldern, Wiesen und Seen.
Viele Gäste kommen zu uns, um diese Natur zu genießen. Die Zeit
ist aber nicht stehen geblieben. Wir haben uns stark auf den Winter-
tourismus konzentriert, was lange erfolgreich war. Aber auch im Tourismus ist der globale Wettbewerb härter geworden. Flugreisen sind
kein Luxus mehr. Um relativ wenig Geld kann man im Winter in den
Süden fliegen und hat eine Garantie für schönes Wetter. Dies kann
ein Alpenland nicht bieten, überdies drohen immer schneeärmere
Winter. Wie können wir unser großes Kapital, die einzigartige Natur,
besser nutzen – und zwar ganzjährig und in einer sanften Form, ohne
dass Eingriffe notwendig sind? Österreich hätte alle Voraussetzungen,
ein Paradies für Reiturlaube zu werden. Dies würde vielen Touris-
musbetrieben zusätzliche Impulse geben und den Bauern, die starke
Konkurrenz durch billige Lebensmittel aus dem Ausland haben, neue
Möglichkeiten bieten. Sie könnten den Gästen nicht nur Pferde zur
Verfügung stellen, sondern echten Rundum-Genuss anbieten – Höfe

als Ausgangspunkt für Ausritte, Verpflegung mit österreichischen Naturprodukten. Schließen sich mehrere Bauern zusammen, könnte man Reitrouten entwickeln, von Hof zu Hof reiten und hätte überall Unterkunft und gesunde Verpflegung.

So schön es ist, in Amerika durch die Weiten der Prärie zu reiten, unsere abwechslungsreiche Landschaft ist reizvoller – und das bei jedem Wetter. Ein Ausritt im Morgennebel, in einer Winterlandschaft oder nach dem Regen, wenn Wälder und Wiesen dampfen, ist ebenso schön wie bei Sonnenschein. Wir haben genug Wiesen und Wege, müssten nur Reitpfade markieren und in Karten ausweisen. Und wir müssten die Menschen für diese Urlaubsform begeistern. Ich bin überzeugt, dass uns dies gelingen würde – zumal wir mit den Pferden zugkräftige und liebenswürdige Helfer hätten.

Die Bedeutung des Einzelnen

Totalitäre Regime – ob Nationalsozialismus, Faschismus, Stalinismus oder Kommunismus – haben eine Gemeinsamkeit: Sie sind auf Unterdrückung und Beschneidung von Recht und Freiheit des Einzelnen aufgebaut.

Millionen Menschen haben unter menschenverachtenden Systemen gelitten, leider gibt es heute noch totalitär geführte Länder. Auf lange Sicht können diese Systeme aber nicht überdauern, weil die Unterdrückung des Einzelnen dem menschlichen Geist widerspricht. Menschen wollen Freiheit. Die Freiheit, über ihren persönlichen Weg zum Glück zu entscheiden und ein besseres Leben für sich und ihre Familien zu schaffen. Diese Freiheit, verankert in Verfassungen und Menschenrechts-Chartas, war es, die es uns in der westlichen Welt ermöglicht hat, florierende, demokratische Gesellschaften aufzubauen, in welchen der einzelne Mensch im Vordergrund steht.

Es besorgt mich, dass es in westlichen Demokratien zunehmend Tendenzen zu Gleichmacherei und Vereinheitlichung gibt. Menschen werden zu Nummern, gehen in Bürokratien verloren. Man wird fast gezwungen, gleich zu sein, zu denken und zu handeln. Bei Problemen wird sofort nach dem Staat gerufen. Das funktioniert nicht. Die Geschichte hat gezeigt, dass der Staat kein guter Unternehmer ist und Probleme nicht gelöst werden, wenn man sie dem Staat zuschiebt. Überdies kann einem der Staat nichts geben, was er nicht vorher genommen hat, wobei ein großer Teil durch hohe Verwaltungskosten verloren geht. Kehren wir diese Tendenzen nicht um, hemmen wir Eigeninitiative und erdrosseln damit eine der produktivsten gesellschaftlichen Kräfte.

In meinen Unternehmen habe ich die Bedeutung des Einzelnen immer besonders hervorgehoben. So ist eine Kultur entstanden, die unternehmerisches Denken auf allen Ebenen fördert, weil Eigeninitiative anerkannt und belohnt wird. Viele bezeichnen dies als Schlüsselfaktor des Erfolges.

Wertschätzung für das Individuum könnte der Vorteil westlicher Länder im globalen Wettbewerb sein. Firmen in Asien verfügen über gute, fleißige Arbeiter, die viel weniger verdienen als ihre Kollegen in Europa. Dies ist für asiatische Produzenten ein Vorteil, gegen den wir nicht konkurrieren können. Wir können keinen Kostenwettbewerb führen, wenn wir unsere Standards nicht senken, sondern ausbauen wollen.

Naturgesetze sind stärker als menschliche Gesetze. Für mich ist es ein Naturgesetz, dass Menschen morgens vor allem deshalb aufstehen, weil sie ein besseres Leben für sich und ihre Familien wollen. Diese Chance müssen wir ihnen geben und Strukturen schaffen, in denen der Einzelne nicht verloren geht, sondern wo Leistung und Eigeninitiative gefördert und belohnt werden. Wir müssen den Innovationsgeist neu entfachen, der Fortschritt ermöglicht und unsere Wirtschaft stark gemacht hat. Geld und Maschinen bringen keine Innovationen hervor. Innovationen kommen immer von Menschen, die mit Bestehendem nicht zufrieden sind, sondern bessere Lösungen suchen. Österreich hat viele helle Köpfe – fördern wir sie, inspirieren wir sie und geben wir ihnen die Freiheit, die sie brauchen.

Zuwanderung und Integration

Kein Thema wird momentan heftiger und kontroversieller diskutiert als Fragen über Zuwanderung und Integration. In diesem Zusammenhang weiß ich genau, wovon ich spreche. Schließlich war ich selbst vor 58 Jahren in Kanada ein Einwanderer, der sich integriert hat.

Als ich 1954 in Kanada ankam, stand ich vor großen Herausforderungen. Ich hatte gerade einmal 200 Dollar und war in einem Land mit fremder Sprache und Kultur, in dem ich niemanden kannte. Natürlich habe ich Kontakt zu anderen deutschsprachigen Einwanderern gesucht, jedoch sofort begonnen, die Sprache zu lernen und mich entsprechend der gesellschaftlichen Grundregeln zu integrieren.

Aufgrund meiner persönlichen Geschichte kann ich verstehen, wenn jemand in ein anderes Land geht, um bessere Chancen für sich und seine Familie zu haben, weil ein Land zum Beispiel über eine demokratische, offene Gesellschaftsform verfügt. Es ist aber eine Frage des Respekts vor jenem Land und seinen Menschen, in welches man zuwandert, dass man bereit ist, die dort geltenden Gesetze, Normen sowie Regeln für gesellschaftliches Zusammenleben zu akzeptieren. Dies beginnt zuallererst bei der Sprache. Es müsste ja schon im Eigeninteresse jedes Zuwanderers liegen, die Landessprache schnell zu erlernen, weil sie die Voraussetzung darstellt, am gesellschaftlichen und beruflichen Leben teilzunehmen. Hier hat die Politik in den letzten Jahren viel versäumt, keine klaren Regeln geschaffen und nicht dafür gesorgt, dass die Beherrschung der Sprache eine Voraussetzung darstellt, um im Land zu bleiben. Diese Versäumnisse führen jetzt zu sozialen Problem und Kosten. Weshalb soll die Allgemeinheit nun die Kosten für Sprachkurse tragen, weil es jahrelang nicht verpflichtend war, Deutsch zu lernen?

Wir haben aber keine Alternative dazu, wenn wir vermeiden wollen, dass die Probleme an Schulen noch größer werden und jene, die sich keine Privatschule leisten können, weiter benachteiligt werden.

Ebenso wichtige Fragen sind Gesellschaftsform und Kultur. Ich bin damals nach Kanada gegangen, weil es ein Land war, das mir Chancen eröffnet hat – und weil mir die Form von Demokratie und Kultur gefallen hat. Ich wollte aber nie Kanada verändern. Jeder soll seine

Kultur und Traditionen bewahren, auch wenn er in einem anderen Land lebt. Ich bin im Herzen und in vielen meiner Denkweisen auch Österreicher geblieben, obwohl ich global arbeite und – neben der österreichischen – auch die kanadische Staatsbürgerschaft besitze. Warum sind Zuwanderer oft nicht bereit, dies auch so zu halten, sondern kapseln sich ab und leben nur nach der Kultur des Landes, welches sie verlassen haben? Dadurch werden die Sorgen der Menschen verständlich, die seit Generationen hier leben oder gut integriert sind. Und damit eröffnet man auch Möglichkeiten für jene, die von diesen Sorgen profitieren wollen, indem sie Zwiespalt säen.

Magna beschäftigt 117 000 Menschen weltweit. In jeder Fabrik gibt es Menschen unterschiedlichster Nationalität und Religion. Die Zusammenarbeit funktioniert, weil unsere Unternehmenskultur ein Klima von Fairness und Respekt vorgibt und jeder diese Regeln einhalten muss, ohne seine Herkunft zu verleugnen. Sollte es tatsächlich so schwer sein, dies auch in einer Gesellschaft zu verwirklichen?

Die Grundregeln einhalten

Ich habe bereits einige Gedanken über Zuwanderung und Integration mit Ihnen geteilt und ganz besonders auf die Bedeutung von gegenseitigem Respekt und der Einhaltung bestimmter gesellschaftlicher Regeln hingewiesen.

Solange diese Grundvoraussetzungen – von welcher Seite auch immer – nicht akzeptiert werden, werden wir immer mit Spannungen und sozialen Problemen konfrontiert sein, die einem friedlichen Zusammenleben von Menschen unterschiedlicher Herkunft, Kultur und Religion im Wege stehen.

Diese Probleme werden nicht geringer, weil die voranschreitende Globalisierung auch dazu führt, dass es immer mehr Menschen geben wird, die ihre Heimat verlassen und in andere Länder gehen, wo sie bessere Möglichkeiten und ökonomische Chancen für sich sehen.

In westlichen Ländern treten bei der Integration von Zuwanderern immer öfter Probleme auf, die im Zusammenhang mit Religion stehen. Dabei geht es häufig nicht nur um neu zugewanderte Menschen, sondern auch um jene, die bereits die zweite oder dritte Generation bilden und die somit schon im jeweiligen Land geboren wurden. Ich möchte an dieser Stelle betonen, dass ich Verallgemeinerungen strikt ablehne und nur jene anspreche, die sich – aus welchen Gründen auch immer – bewusst nicht integrieren wollen, unsere Gesellschaftsform und ihre Grundregeln ablehnen und die Religion dabei als Vorwand verwenden.

Wer die großen Weltreligionen näher betrachtet, wird feststellen, dass sie sich im Kern nur wenig voneinander unterscheiden. Letztlich geht es bei allen um das Gute für den Menschen. Aber schon in der Geschichte wurden Religionen oft missbraucht, um Hass zu schüren und um Menschenrechte zu beschränken. Heute entstehen daraus Brandherde, deren Ausbreitung wir mit allen Mitteln verhindern müssen.

In westlichen Demokratien sind Staat und Religion getrennt, und es wird durch Verfassungen und Menschenrechtschartas sichergestellt, dass jeder Mensch seinen Glauben frei wählen und ausleben kann. Dies ist eine wichtige Errungenschaft, die wir schützen und bewahren müssen und die besonders jene als positiv empfinden müssten, die aus solchen Ländern kommen, wo diese gesellschaftliche Freiheit nicht gegeben ist. Jeder soll seinen Glauben im privaten Bereich ausleben können, muss aber – wenn er in Österreich leben möchte – die bei uns geltenden Grundregeln des gesellschaftlichen Zusammenlebens akzeptieren und einhalten. Dies sicherzustellen ist für mich eine der wesentlichsten Aufgaben der Politik. Sonst besteht die Gefahr, dass Konflikte größer werden und sich das Land in eine Richtung verändert, die nicht im Sinne jener sein kann, die gerne hier leben, weil ihnen unsere Form von Demokratie und Kultur gefällt.

Die Dinge offen ansprechen

Ich musste schon viel Kritik einstecken – von Gewerkschaften, Investo-
ren und Politikern. Aber ich habe immer das getan, was ich für richtig
gehalten habe und von dem ich überzeugt war, dass es am besten für
mein Unternehmen, seine Mitarbeiter und Partner oder das Land war.

Ich bin nun an einem Punkt in meinem Leben angelangt, an dem
ich auf zusätzliche Kritik gerne verzichten kann. Wenn ich wollte,
könnte ich mich zurücklehnen, mich auf dem Erreichten ausruhen,
mich nicht mehr öffentlich äußern und wäre somit bei jedermann gut
angeschrieben. Aber dies wäre mir zu einfach.

Wenn man wirklich von etwas überzeugt ist, wenn den Eindruck
hat, dass etwas falsch, ungerecht oder unfair ist, oder wenn glaubt,
dass sich Dinge negativ entwickeln, dann hat man die Pflicht, seine
Stimme zu erheben. Dies schulden wir nicht zuletzt unserer jungen
Generation.

Das Leben war gut zu mir. Ich bin finanziell unabhängig und niemandem verpflichtet. Ich brauche nichts von der Politik und muss
keinem Politiker nach dem Munde reden. Daher wäre es aus meiner
Sicht nachlässig, nicht von Zeit zu Zeit und in einer vernünftigen,
zivilisierten Weise die Stimme zu erheben und Dinge anzusprechen,
von denen ich glaube, dass sie im Interesse des Landes verbessert werden müssten.

Eine Gefahr für unsere Gesellschaft ist es, wenn sich die Bürger –
und hier ganz besonders unsere Jugendlichen – nicht mehr um die
Entwicklung der Gesellschaft kümmern, auch nicht mehr versuchen,
Beiträge zu ihrer Verbesserung zu leisten, weil jeder glaubt, dies sei
allein Aufgabe des Staates.

Ob im Geschäftsleben, in der Gesellschaft oder im privaten Bereich –
wenn man ein Problem hat, muss man zunächst erkennen, worin es
besteht. Sollte man aber nicht einmal bemerken, dass man ein Problem hat, dann hat man wirklich eines. Probleme sind wie Krebser-
krankungen. Sie gehen nicht von alleine weg. Sie müssen erkannt und
behandelt werden, andernfalls weiten sie sich aus. Der erste Schritt
um ein Problem zu erkennen und zu lösen, besteht darin, es offen
anzusprechen, also seine Stimme zu erheben.

In meinen Firmen habe ich immer verlangt, dass ein Arbeitsumfeld geschaffen wird, in dem Mitarbeiter Probleme offen ansprechen können. Besonders wichtig ist dabei, ob es in den Betrieben fair zugeht. Falls nicht, muss dies geändert werden. Denn unfaire Behandlung führt zu Unzufriedenheit – und Unzufriedenheit ist ansteckend. Kein Unternehmen könnte in so einem Klima erfolgreich sein. Dasselbe gilt für die Gesellschaft. Geht ihre Entwicklung in eine falsche Richtung, nehmen Ungerechtigkeiten überhand, dann droht alles zu kippen. Wir haben die Pflicht, nicht wegzusehen und Probleme nicht unter den Teppich zu kehren. Und wir haben die Pflicht, aufzustehen und unsere Stimme zu erheben.

Wettbewerb um bessere Ideen

Kanada, mein neues Heimatland, bot mir die Möglichkeit, meinen Traum vom eigenen Unternehmen zu verwirklichen. Aber Österreich, mein Vaterland, gab mir die Voraussetzungen und Fähigkeiten, um diesen Traum in Erfüllung gehen zu lassen.

Obwohl ich Österreich Mitte der 1950er-Jahre verlassen habe und erst nach vier Jahrzehnten wieder zurückgekehrt bin, sind meine Wurzeln hier geblieben. Und ich war über all die Jahre auch im Herzen Österreicher. Heute bin ich stolz, Österreicher zu sein, und gleichzeitig stolz, Kanadier zu sein. Ich bin Bürger zweier wundervoller Länder, welchen ich mich verpflichtet fühle.

Ich kann mich gut an eine Begegnung mit dem damaligen österreichischen Bundeskanzler Vranitzky erinnern, welche kurz nach meiner Rückkehr stattfand. Ich sagte zu ihm: »Die Kanadier haben einiges mit uns Österreichern gemeinsam. Sie haben einen starken Nachbarn, der über wesentlich mehr Einwohner und eine deutlich größere Wirtschaft verfügt. Sie sind mit diesem Nachbarn wirtschaftlich eng verbunden und sprechen dieselbe Sprache. Genauso verhält es sich in unserem Fall mit Deutschland. Wir müssen einsehen, dass wir keinen Wettbewerb führen können, bei dem es um pure wirtschaftliche Kraft geht. Also müssen wir uns bemühen, klüger zu sein.«

Als ich ein Kind war, haben wir noch mit Murmeln gespielt. Wenn ich mit größeren Burschen gespielt habe, musste ich ihnen, selbst wenn ich gewonnen hatte, die Murmeln übergeben. Wenn es in der Wirtschaft bei wichtigen Entscheidungen, die Arbeitsplätze oder Standorte betreffen, hart auf hart geht, ist das nicht viel anders. Der Stärkere setzt sich durch.

Länder wie Kanada und Österreich müssen daher ein wenig klüger, ein wenig flinker agieren. Obwohl wir mit unseren größeren Nachbarn viel gemeinsam haben, sind wir in vielen Bereichen eben auch anders. Auch wenn diese Unterschiede oft nur gering sind, denken und handeln wir doch anders. Das ist wichtig. Wir sollten alles daran setzen, diese Unterschiede zu bewahren, und uns bemühen, einfallsreicher zu sein. Was kleineren Ländern an ökonomischer Kraft und Stärke fehlt, müssen sie durch Kreativität, Innovationskraft, Einfallsreichtum und höhere Produktivität kompensieren. Dabei ist es auch wichtig, sich nicht abzuschotten, sondern von anderen zu lernen. So wie wir Menschen von jenen lernen, die Dinge besser, schneller oder klüger machen, sollten es Länder auch tun.

Im Sommer dieses Jahres wurde ich mit dem Joseph-Schumpeter-Preis für innovative und herausragende Leistungen auf den Gebieten der Wirtschaft, der Politik und der Wirtschaftswissenschaften ausgezeichnet. Der Preis ist benannt nach einem großen Österreicher, einem der weltweit herausragenden Ökonomen des letzten Jahrhunderts. Schumpeter war ein Verfechter des Unternehmergeists und der schöpferischen Zerstörung, die eine Voraussetzung für Erneuerung und Wachstum darstellt, indem alte, überholte Methoden und Strukturen aufgegeben und durch neue, effizientere ersetzt werden. Ich bin davon überzeugt, dass in der Zukunft viele dieser Innovationen aus Ländern kommen werden, die aufgrund ihrer Situation besonders innovativ sein müssen – also Länder wie Kanada und Österreich.

Verwaltungsreform – Lösungen suchen und umsetzen

Nicht einmal die große Wirtschaftskrise und ihre Auswirkungen auf die Staatsfinanzen haben es geschafft, dass eine Verwaltungsreform, die diese Bezeichnung auch verdient, in Angriff genommen wird. Worauf warten wir noch?

Die Arbeiter in einer Fabrik können fleißig arbeiten und Qualitätsprodukte herstellen – solange die Verwaltung des Betriebes zu groß ist, kann die Firma nicht konkurrenzfähig sein, weil die Verwaltungskosten zu hoch sind. Oft wird dann so reagiert, dass man bei den Arbeitern und in der Produktion spart, anstatt die Verwaltung zu durchleuchten und effizienter zu machen. Dies setzt eine gefährliche Abwärtsspirale in Gang, da sich solche Maßnahmen negativ auf die Motivation der Arbeiter und die Qualität der Produkte auswirken, während das ursprüngliche Problem bestehen bleibt. Ich habe dieses Beispiel aus der Wirtschaft, das sich auf den Staat übertragen lässt, schon oft verwendet. Wenn ich verfolge, wie Österreich versucht, den Staatshaushalt zu sanieren, muss ich leider sagen, dass es selten zuvor so passend war.

Es ist notwendig, die staatlichen Finanzen in Ordnung zu bringen und öffentliche Schulden abzubauen. Vor allem Letzteres ist wichtig, da wir jedes Jahr enorme Beträge aufwenden müssen, um allein die Zinsen für die Verschuldung zu bedienen. Jeder versteht dies – und dennoch fehlt der Mut, endlich ein Programm in Angriff zu nehmen, das Zähne hat und den Hebel dort ansetzt, wo das meiste Geld gespart werden könnte, nämlich in der Bürokratie und Verwaltung. Statt einer tiefgreifenden Reform werden nur kosmetische Korrekturen vorgenommen. Höhere Tabak- und Mineralölsteuern bringen dem Staat zwar Geld, lösen aber keines der wahren Probleme.

In einer zivilisierten Gesellschaft darf niemand der Sündenbock sein, wir alle sind verantwortlich für das Problem, wir alle müssen einen Beitrag zur Lösung leisten. Ich zeige daher nicht mit dem Finger auf Politiker, sondern versuche konstruktive Vorschläge zu machen.

Man könnte für jeden großen Verwaltungsbereich einen Beirat bilden, der aus unabhängigen, angesehenen Personen besteht, die den Bereich durchleuchten und konkrete Vorschläge machen, wie Kosten reduziert und Leistungen verbessert werden können. Im Vorfeld muss festgelegt werden, dass die Vorschläge auch umgesetzt werden, ohne dass wieder parteipolitisch motivierte Diskussionen folgen, die viel Zeit kosten und meist in weichen Kompromissen enden. Solche ehrenamtlichen Beiräte wären keine zusätzliche Bürokratie, sondern Lösungsteams, die das Thema analysieren und dann rasch, neutral und auf Basis langfristiger Überlegungen bearbeiten. Jedes Unternehmen geht so vor, wenn Strukturen oder Prozesse optimiert oder neu gestaltet werden müssen, denn im globalen Wettbewerb geht es vor allem um Effizienz. Es wäre wichtig, wenn dieses Denken auch stärker in Politik und Verwaltung Einzug hielte.

Strukturen überdenken

Eine Reform der öffentlichen Verwaltung erfordert den klaren politischen Willen zur Umsetzung und den Mut, Bestehendes in Frage zu stellen. Wenn es um lange bestehende Strukturen geht, scheint beides oft zu fehlen.

Auf die Bedeutung des Verhältnisses zwischen Produktion und Verwaltung für einen Betrieb weise ich immer wieder hin. Sind die Verwaltungskosten zu hoch, kann man auch mit der besten Produktion nicht konkurrenzfähig sein. Doch nicht nur die Größe der Verwaltung beeinflusst die Wettbewerbsfähigkeit eines Unternehmens, auch die Verwaltungsstrukturen spielen eine wichtige Rolle. Man muss von Zeit zu Zeit jede Ebene analysieren – hinsichtlich Aufgaben, Eingliederung in die Gesamtstruktur, Entscheidungsbefugnissen und -möglichkeiten, aber auch hinsichtlich der grundsätzlichen Frage, ob die jeweilige Ebene überhaupt notwendig ist.

Unternehmen sind umso erfolgreicher, je besser sie es verstehen, ihre Strukturen an die Anforderungen des Marktes anzupassen – oder noch besser, frühzeitig Strukturen zu schaffen, die zukünftigen Anforderungen gerecht werden. In meinen Firmen habe ich für flexible, dezentrale Strukturen gesorgt, die rasch an geänderte Umweltbedingungen angepasst werden können. Magna hat seine äußere Struktur in den letzten Jahren öfter geändert, die grundlegenden Prinzipien und Aufgabenverteilungen sind jedoch immer gleich geblieben. Im Prinzip besteht Magna mit über 117 000 Mitarbeitern in 27 Ländern weltweit nur aus drei großen Ebenen – der zentralen Unternehmensführung, die für Gesamtstrategie, große Investitionen und Firmenkultur verantwortlich ist, dem Management der Produktbereiche, welches die Verantwortung für Qualität und Kundenzufriedenheit trägt, sowie der Ebene der einzelnen Werke, die für das tägliche Geschäft und die Einhaltung der Firmenprinzipien zuständig ist. Klare Aufgaben, klare Verantwortung, Änderungen, wenn notwendig.

Man kann Modelle aus der Wirtschaft nicht direkt auf die öffentliche Verwaltung übertragen. Aber sie können Orientierungshilfe sein. Ein österreichischer Bürger ist mit fünf politischen Verwaltungsebenen konfrontiert: Gemeinde, Bezirk, Land, Bund und – seit 1995 – EU. Das politische Umfeld hat sich in den letzten Jahren verändert, die Entscheidungsbefugnisse haben sich verschoben, die moderne Technik erlaubt schnelle, vernetzte Kommunikation – dennoch sind die Strukturen relativ unverändert geblieben. Wäre es in Zeiten leerer öffentlicher Kassen nicht höchst an der Zeit, darüber nachzudenken, ob wirklich alle Ebenen notwendig sind, ob man nicht Aufgaben zusammenfassen und einzelne Behörden oder Gremien streichen könnte? Ich bin mir dessen bewusst, dass dies in Österreich ein Tabuthema ist, weil jede Ebene erklären wird, warum gerade sie notwendig ist, und weil jede Ebene weniger auch weniger Posten und Einfluss für die Parteien bedeuten würde. Angesichts der enormen Einsparungsmöglichkeiten, die in diesem Bereich brachliegen, frage ich mich, wie lange wir uns diese Denkweise noch leisten wollen. Denn leisten können wir es uns längst nicht mehr.

Eine Zeit der Besinnung

Jeder hat seine eigene Sicht von Weihnachten, jeder verbindet andere Gefühle damit. Vom Fest der Liebe und Nächstenliebe bis zum grenzenlosen Kommerz reicht das Spektrum. Für mich ist Weihnachten eine Zeit der Ruhe und Besinnung.

An meine ersten Weihnachten in Kanada erinnere ich mich gut. Es war der Heilige Abend 1954, ich war noch nicht lange im Land und kannte noch niemanden näher. Natürlich dachte ich an Österreich und wie dort gefeiert wird. Dies fehlte mir. Ich wollte den Abend nicht alleine zu Hause verbringen, also ging ich ins Kino und schaute mir einen Cowboyfilm an.

Heute ist Weihnachten für mich eine besondere Zeit, die ich einerseits mit meiner Familie und vor allem meinen drei Enkelkindern verbringe, in der ich andererseits aber auch gerne für ein paar Stunden ganz alleine bin, um Zeit zum Nachdenken und zur Besinnung zu haben.

In Kanada wird Weihnachten unterschiedlich gefeiert, je nachdem, welche Herkunft und Wurzeln die Menschen haben. Wir feiern – so wie in Österreich – am Heiligen Abend mit Christbaum und einem frühen Abendessen, weil meine Enkel immer noch neugierig auf die Bescherung warten. Diese Stunden im Kreise meiner engsten Familie genieße ich sehr. Am Christtag stehe ich früh auf und mache einen langen Spaziergang durch den Wald. Meist liegt frischer Schnee, die Luft ist kalt und klar. In dieser Stille bewundere und spüre ich die Schönheit und Stärke der Natur, setze ich mich auf einen Baumstumpf, spreche ein leises Gebet und nutze die Einsamkeit und Ruhe zur Besinnung. Ich denke über mein Leben nach, schaue zurück und bin dankbar dafür, wie gut das Leben zu mir war. Und ich frage mich: »Tust du genug, um eine bessere Gesellschaft zu gestalten? Was könnte ich mehr tun, um zur Bekämpfung von Armut beizutragen?«

Ich halte es für sehr wichtig, dass man sich von Zeit zu Zeit fragt, was man beitragen könnte, um unsere Gesellschaft vor allem für jene zu verbessern, die arm und benachteiligt sind. Geld und Spenden sind wichtig. Ich mache das, spreche aber nicht gerne darüber. Aber Geld alleine hilft nicht, löst die Grundprobleme nicht. Man muss aufstehen, seine Stimme erheben, wenn es Ungerechtigkeiten gibt oder gesellschaftliche Fragen sich falsch entwickeln. Jeder ist gefordert, je mehr Menschen dies tun, desto schneller kann ein Umdenken stattfinden. Aber man muss sich konkret ausdrücken, Probleme beim Namen nennen, Vorschläge machen. Kritisieren alleine ist leicht – aber zu wenig. Darüber spreche ich auch mit meinen Enkeln am Weihnachtstisch. Wir haben ein gutes Leben. Gerade wir müssen darüber nachdenken, was wir tun können, um jenen zu helfen, denen es schlechter geht. Das ist mir sehr wichtig, dies möchte ich meinen Enkeln mit auf ihren Lebensweg geben.

Wir müssen noch viele Dinge verändern, um unsere Gesellschaft zu verbessern. Das ist nicht leicht, denn Privilegierte sind immer mit dem Status quo zufrieden.

2011

Die Schuldenfalle

Die explodierenden Staatsschulden bedrohen unsere wirtschaftliche Zukunft und den Lebensstandard. Vor allem in Amerika und Europa werden die Menschen in den kommenden Jahren einen hohen Preis für die finanzielle Misswirtschaft der Regierungen zahlen müssen – höhere Steuern, geringere öffentliche Leistungen.

Die Warnsignale waren unübersehbar: Die globalen Finanzmärkte haben Euro und Dollar schwer unter Druck gebracht, die Darlehensgeber haben die Konditionen verschärft. Es ist kein Unterschied, ob es um Menschen, Firmen oder Länder geht. Wenn man Schulden anhäuft, ist es nur eine Frage der Zeit, bis man seine wirtschaftliche Freiheit verliert. Es ist ein Teufelskreis: Geraten die Schulden außer Kontrolle, geht dies zu Lasten künftigen Wohlstandes, da immer mehr Geld zur Tilgung der Zinsen aufgewendet werden muss. Europa und Amerika machen diese bittere Erfahrung gerade. Eine Erfahrung, die ich persönlich vor einigen Jahrzehnten machen musste, als Magna in große Probleme geriet, nachdem Banken Kredite fällig stellten.

In den späten 1980er-Jahren wuchs Magna rasend schnell, wir eröffneten alle drei Wochen eine neue Fabrik. Diese Situation verleitete uns, schlampig und undiszipliniert zu werden. Unsere Verwaltungskosten stiegen, unsere Schulden aber auch. Wir hatten damals schon 100 Fabriken und viele Manager überzogen ihre Budgets, ganz nach dem Motto »Magna ist ein großes Unternehmen, was macht da schon eine Million Dollar aus?« Aber hier eine Million, da eine Million – bei 100 Fabriken summiert sich das schnell. Ehe wirs uns versahen, hatten wir eine Milliarde Dollar Schulden angehäuft. Überdies hatten wir unseren Kunden viele Zugeständnisse gemacht. Wir waren also gezwungen, hohe Kredite bei Banken aufzunehmen, um die Expansion finanzieren zu können. Als sich die gesamtwirtschaftliche Lage verschlechterte, wurden die Banken nervös.

Wir bewegten uns auf einem sehr schmalen Grat und waren knapp davor, das Unternehmen zu verlieren. Finanzhaie umkreisten die Firma und hielten Ausschau nach den besten Stücken, um sich diese zu sichern. Die Firma liquid zu halten und gleichzeitig den riesigen

Schuldenberg abzubauen, kam mir vor, als ob ich mit einem Beton-klotz an den Füßen schwimmen wollte. Aber wir überlebten, konnten alle Schulden tilgen – und das schneller, als viele erwartet hätten. Diese Erfahrung werde ich nie vergessen.

Was habe ich daraus gelernt? Seit damals ist Magna sehr diszipliniert in finanziellen Fragen, hat nie mehr Schulden gemacht oder größere Kredite aufgenommen und Barreserven in Milliardenhöhe aufgebaut. Investoren und Börsenanalysten haben dies oft kritisiert und uns geraten, einen aggressiveren Wachstumskurs zu verfolgen und diesen durch unsere Barreserven und Kredite zu finanzieren. Wir haben dies nicht getan – und lagen richtig. Als die Weltwirtschaftskrise 2008 über die Autoindustrie hereingebrochen ist, kamen wir sicher durch den Sturm, während viele Mitbewerber – auch unter der drückenden Schuldenlast – untergingen.

Schulden können Menschen, Familien, Firmen und Länder finanziell erdrosseln und in den Abgrund reißen. Sie sollten daher wenn irgend möglich vermieden werden – und falls dies nicht gelingt, in jedem Fall so schnell als möglich getilgt werden.

Wie Erfahrungen das Leben bestimmen

Ich sage oft: Wenn man zur richtigen Zeit am richtigen Platz mit den richtigen Eigenschaften ist, kann Großartiges passieren. Die Eigenschaften werden durch die Erfahrungen, die man im Laufe seines Lebens macht, bestimmt.

Erfahrungen – positiv oder negativ – prägen uns. Und sie bilden eine wichtige Voraussetzung, um im Leben erfolgreich sein zu können, sofern man sie sammelt und richtig bewertet. Wer beispielsweise niemals wirklich hungrig war, weil er kein Geld hatte, um Essen zu kaufen, wird nie richtig verstehen, wie es ist, in so einer Lage zu sein. Diese Erfahrung – und ich weiß sehr gut, wovon ich spreche – hinterlässt einen tiefen Eindruck, der sich dauerhaft einbrennt. Wer erfahren musste, was es bedeutet, unter Entbehrungen oder auch unter Verfolgung zu leiden, wird jene besser verstehen, denen es ähnlich gegangen ist oder geht. Man entwickelt ein tieferes Verständnis dafür, was im Leben wirklich wichtig und wertvoll ist.

Wenn ich mein bisheriges Leben betrachte, zeigt sich, dass vor allem die frühen Erfahrungen, die ich in Österreich in Zeiten der wirtschaftlichen Depression und des Zweiten Weltkrieges machen musste, besonders wichtig für meinen späteren Erfolg waren. Aus ihnen habe ich einerseits die Fähigkeit entwickelt, gute Gelegenheiten zu erkennen und beim Schopf zu packen. Andererseits habe ich in dieser Zeit Lektionen gelernt, die ich später gut anwenden konnte – zunächst beim Aufbau meines eigenen Unternehmens, dann als Chef eines multinationalen Konzerns mit Mitarbeitern und Kunden auf der ganzen Welt.

Ich komme aus einer Arbeiterfamilie, meine Eltern waren Fabrikarbeiter, ich selbst habe lange Zeit in einer Fabrik gearbeitet. Ich wurde oft ungerecht behandelt und schließlich auch einfach hinausgeworfen. Ich weiß daher, wie wichtig ein gerechtes, faires und menschliches Arbeitsumfeld ist, welches eines meiner größten Anliegen in meinen Unternehmen ist. An den Entscheidungen mancher Unternehmenschefs erkennt man, dass sie derartige Erfahrungen nie gemacht haben.

Die Erfahrungen aus meiner Jugend haben mich aber auch in anderer Hinsicht geprägt. Mein Vater war ein Idealist, oft nachdenklich und philosophisch. Meine Mutter dagegen war sehr pragmatisch, mit Hausverstand und unternehmerisch denkend. Auf einer kleinen Wiese neben unserem Haus baute sie – neben ihrer Arbeit in der Fabrik – Gemüse an, um es am Markt zu verkaufen und die Haushaltskasse aufzubessern. Möglicherweise habe ich das Unternehmerische von meiner Mutter und von meinem Vater, dass ich über viele Dinge sehr intensiv nachdenke. Beides hat mir jedenfalls sehr geholfen.

Natürlich braucht man auch Glück, um im Leben etwas zu erreichen. Ich hatte dieses Glück. Oft liegen Erfolg und Misserfolg jedoch so nahe beisammen, dass eine Kleinigkeit den Unterschied ausmacht. Erfahrungen können diesen Unterschied ausmachen. Wir sollten daher öfter über unsere gesammelten Erfahrungen nachdenken und die richtigen Schlüsse und Lehren daraus ziehen.

Was einen guten Manager ausmacht

Laufend werden neue Management-Theorien entwickelt. Sie sind wie Modetrends – heuer aktuell, nächstes Jahr überholt. Ich meine, dass ein guter Manager nach wenigen, zeitlosen Prinzipien handelt. Prinzipien, die einfach zu verstehen, oft jedoch schwierig umzusetzen sind.

Das oberste Prinzip ist Vertrauen. Als Führungskraft muss man hart dafür arbeiten, das Vertrauen der Mitarbeiter zu gewinnen. Gleiches gilt für die Beziehung zu Geschäftspartnern. Es kann passieren, dass man Kunden verliert, man wird wieder neue finden. Aber es darf nie passieren, dass man seinen guten Ruf verliert, denn dieser lässt sich kaum zurückgewinnen.

Wenn jemand zu mir sagt, »Frank, ich bin dein Freund«, antworte ich: »Schön. Aber sage es nicht, beweise es.« Diesen Beweis muss ein Manager gegenüber den Mitarbeitern Tag für Tag erbringen und ihnen zeigen, dass er sie als Menschen mit Bedürfnissen und Anliegen ernst nimmt. Und man muss halten, was man verspricht. Ich habe mich immer bemüht, alles einzuhalten, was ich angekündigt habe – egal, ob dadurch zusätzliche Kosten entstanden sind oder es einen einfacheren Weg gegeben hätte. Nur so kann man Vertrauen schaffen.

Eine Firma funktioniert am besten, wenn alles transparent abläuft. Mitarbeiter sind klug. Wenn sie spüren, dass das Management nicht ehrlich ist oder Dinge versteckt, wird man ihre Herzen nie gewinnen können. In meiner ersten Fabrik habe ich oft mit den Mitarbeitern zu Mittag gegessen und ihnen dabei die Kontoauszüge der Firma gezeigt. Diese Transparenz war mir von Anfang an wichtig, diese Prinzipien – offene Bücher und offene Türen – habe ich dann auch bei Magna eingeführt.

Dann ist es wichtig, ein Klima zu schaffen, in dem Mitarbeiter Probleme jederzeit aufzeigen und ansprechen können. Nur so können diese erkannt und gelöst werden. Einige der besten Manager bei Magna hatten kein Büro, sondern nur einen Schreibtisch in der Fabrikhalle. Dadurch waren sie für die Mitarbeiter ständig ansprechbar.

Ein guter Manager muss seine Mitarbeiter kennen. Was sind ihre Wünsche, Hoffnungen, Sorgen? Und er muss sie ermutigen, Vorschläge, aber auch Kritik offen vorzubringen. Letzteres verlangt menschliche Größe, da man als Manager lernen muss, mit konstruktiver Kritik umzugehen und diese ernst zu nehmen.

Meine Denkweise war es immer, dass Mitarbeiter nicht für mich, sondern mit mir arbeiten. In den frühen Jahren meiner Firmen mussten wir oft bis spät in die Nacht arbeiten, um Aufträge zu erfüllen. In solchen Fällen habe ich die Ärmel hochgekrempelt, mich an die Werkbank gestellt und mitangepackt. Führung durch Vorbild ist immer noch eine der besten Methoden.

Letztlich muss ein guter Manager zwar technische und analytische Fähigkeiten haben, sollte vor allem aber ein guter Motivator sein. Es muss ihm gelingen, die Mitarbeiter zum Mitdenken zu motivieren. Das ist wiederum nur möglich, wenn sie mit dem Herzen dabei sind. Manager, die Herz und Hirn ihrer Mitarbeiter gewinnen, werden erfolgreich sein. So, wie die Firmen, für die sie Verantwortung tragen.

Langfristig in die Zukunft führen

Es ist eine enorme Herausforderung für jeden Manager, die Balance zwischen kurzfristigen Finanzergebnissen und langfristigem wirtschaftlichen Erfolg des Unternehmens zu finden.

Ich habe viele Projekte mit japanischen Firmen umgesetzt. Japanische Manager haben mir oft gesagt: »Frank, wir bedauern euch in Europa und Nordamerika. Ihr steht unter dem Druck, den kurzfristigen Profit für die Aktionäre zu optimieren und eure Unternehmen auf Basis von Quartalsberichten zu führen. Unter diesen Voraussetzungen muss es schwierig sein, eine langfristige Strategie zu verfolgen«. Damit lagen die Japaner weitgehend richtig.

Die Mehrzahl der Aktionäre großer Unternehmen sind heute Finanzinvestoren oder Pensionsfonds. Diesen institutionellen Anlegern geht es vor allem darum, eine möglichst hohe Verzinsung ihres investierten Kapitals zu erzielen. Sie haben wenig Interesse daran, dass eine Firma neue Geschäftsfelder oder Märkte erschließt, da dies Risiken birgt und kurzfristige Gewinne schmälert. Leider gilt dies auch für Investitionen in Forschung und Entwicklung. Dabei wird aber über-

sehen, dass gerade diese Investitionen die Basis für den langfristigen
Erfolg eines Unternehmens bilden. Das Dilemma für Manager besteht
darin, einerseits kurzfristige Gewinne im Sinne der Aktionäre zu machen und andererseits in die langfristige Zukunft des Unternehmens
zu investieren und alle mit dem Unternehmen verbundenen Interessengruppen, also in erster Linie die Mitarbeiter, die Aktionaere und
das Management selbst, dazu zu bringen, am selben Strang zu ziehen.

Als Unternehmer habe ich immer in die Zukunft geblickt – nicht
für fünf oder zehn Jahre, sondern weit darüber hinaus. Dies bedeutet
auch, Geduld zu haben. Es ist wie in der Landwirtschaft: Wenn man
zum Beispiel Walnüsse produzieren will, muss man 25 oder sogar 30
Jahre warten, bis man voll ausgewachsene Bäume hat und man Nüsse
ernten kann. Dies gilt auch im Geschäftsleben, wobei man natürlich
Produktivität und Profitabilität nicht außer Acht lassen darf.

Die Balance zwischen kurzfristigen Aktionärsinteressen und dem,
was langfristig für das Unternehmen wichtig ist, ist nicht immer leicht
zu finden. Als Führungskraft muss man sich stets fragen: Was muss
ich tun, um Arbeitsplätze zu erhalten und neue zu schaffen? Wohin
entwickelt sich die Industrie? Was sind die Technologien und Produkte der Zukunft? Anders gesagt: Was muss heute erforscht werden,
damit wir morgen noch wettbewerbsfähig sind? Forschung ist die
Grundlage für die Zukunft.

Bei Magna habe ich schon vor fast 30 Jahren durch unsere Unternehmensverfassung die Voraussetzung dafür geschaffen, dass wir langfristig
denken und handeln konnten. Ohne den Druck, mit dem andere Firmen
zu kämpfen haben. Ich habe Forschung und Entwicklung als tragende
Säule verankert, lange bevor das Wort Innovationsmanagement in aller
Munde war. Durch die Unternehmensverfassung verpflichtet sich Magna, mindestens sieben Prozent des jährlichen Gewinnes vor Steuern in
Forschung und Entwicklung zu investieren, um eine positive, langfristige
Entwicklung des Unternehmens sicherzustellen. Firmen, die nicht in Forschung und Entwicklung investieren, können im globalen Wettbewerb,
der noch dazu immer härter wird, nicht bestehen.

Unter dem Strich sind jene Firmen erfolgreich, die es verstehen, die
kurzfristigen Gewinnerwartungen der Aktionäre mit den notwendi-
gen langfristigen Perspektiven für die Unternehmensentwicklung in
eine stabile Balance zu bringen.

Aktienoptionen vernünftig regeln

Nach der Wirtschaftskrise, die an der Wall Street ihren Ausgang nahm, werden die Finanzmärkte heute kritisch und misstrauisch betrachtet. Wenn jetzt neue, strengere Regeln, die auch ich fordere, eingeführt werden, darf nicht der Fehler gemacht werden, dass die treibenden Kräfte der Wirtschaft gedrosselt werden.

Finanzmärkte brauchen strenge Regeln, um Missbrauch, Manipulation und Gier, was 2008 zum Kollaps geführt hat, zu verhindern. Was viele Anleger besonders verärgert hat, waren Manager, die die sinkenden Schiffe mit dicken Bonuszahlungen verlassen haben, während alle anderen auf den Verlusten sitzen geblieben sind. Bei der Entwicklung neuer Regeln dürfen aber die kreativen, treibenden Kräfte der Wirtschaft – nämlich innovative Manager, Unternehmer und Erfinder – nicht erdrosselt werden. Gerade für neue Unternehmen ist es wichtig, über Aktienoptionen die besten Manager, Forscher, Ingenieure und andere kreative Köpfe gewinnen zu können. Wird diese Möglichkeit eingeschränkt oder untersagt, wäre es vielen neuen Unternehmen nicht möglich, an die Börse zu gehen – was auch verhindern würde, dass diese Firmen langfristig alle Mitarbeiter durch Aktien am Unternehmen beteiligen könnten.

Auch großen, etablierten Firmen würde eine Überregulierung von Aktienoptionen Probleme bereiten. Um global konkurrenzfähig zu sein, müssen diese Firmen die besten Mitarbeiter gewinnen. Eine Möglichkeit dafür sind Aktienoptionen, die Anreize für diese Mitarbeiter darstellen.

Es ist verständlich, dass Anleger strengere Bestimmungen fordern, um zu verhindern, dass Manager ihre Aktienoptionen einlösen, Geld kassieren und die Firma verlassen können, bevor Informationen über finanzielle Schwierigkeiten des Unternehmens an die Öffentlichkeit dringen. Zu lange ist die Liste der Manager, die ihre Aktienoptionen zu Geld gemacht und das Schiff verlassen haben, bevor der Rest der Welt erfahren hat, wie schlecht es um die Firma bestellt ist.

Ich schlage daher folgende Lösung vor: Manager börsennotierter Firmen sollten ihre Aktienoptionen erst eine bestimmte Zeit – mindestens ein Jahr – nach ihrem Ausscheiden und erst nach einer eingehenden, unabhängigen Prüfung der finanziellen Situation des Unternehmens einlösen dürfen. Dies würde verhindern, dass sie für Maßnahmen, die die Profitabilität der Firma und den Wert der Anteile aller anderen Anleger geschädigt haben, belohnt werden. Es sollte also eine zeitlich befristete Beschränkung für die Einlösung von Aktienoptionen geben, die erst mit dem Tag des Ausscheidens des Managers zu laufen beginnt. Diese Regelung müsste mindestens für den Vorstandsvorsitzenden und den Finanzvorstand eines Unternehmens gelten sowie für weitere Personen, die von einem Audit- Komitee festgelegt werden. Ein weiterer, positiver Effekt einer solchen Bestimmung bestünde darin, dass Manager im eigenen Interesse auch angehalten wären, eine sorgsame Nachfolgeplanung für die Zeit nach ihrem Ausscheiden zu machen. Ich meine, dass man mit diesen Bestimmungen die gewünschten Effekte erzielen könnte, ohne komplizierte Regeln entwickeln zu müssen und ohne Firmen zu behindern, die besten Manager zu gewinnen.

Ein einfacheres Steuersystem

Ich habe bei Veranstaltungen von Handelskammern oder Wirtschaftsschulen oft vorgeschlagen, dass wir ein Steuersystem brauchen, das für jeden Mittelschüler verständlich ist – einfach, klar, ohne Schlupflöcher. Dafür erntete ich immer kräftigen Applaus.

Diese Meinung vertrete ich noch immer. Wir brauchen ein Steuersystem, das transparenter, einfacher und stärker auf die Schaffung von Wohlstand ausgerichtet ist. Dies würde einerseits Verwaltungskosten senken und andererseits Firmen von der bürokratischen Last befreien, die durch Steuererklärungen und -prüfungen entsteht und sich in höheren Kosten für Produkte oder Leistungen niederschlägt.

Das Steuerrecht ist über die Jahre immer komplizierter und schwerfälliger geworden. Armeen von Juristen, Finanzexperten und Steuerberatern sind notwendig, um sich einen Weg durch den Paragraphendschungel zu bahnen. Dies führt uns auch immer weiter weg von einer Realwirtschaft, hin zu einer Wirtschaft, die nur noch auf Finanztransaktionen beruht.

Ich weiß nicht, wie oft es in meiner Laufbahn vorgekommen ist, dass wir auf Steuerfragen klare Antworten entwickeln mussten. Wenn wir uns intern nicht sicher waren, beauftragten wir einen Experten einer Steuerrechtskanzlei. Nicht selten war dessen Antwort: »Frank, ich bin mir nicht sicher, wir sollten weitere Experten hinzuziehen.« Und diese meinten dasselbe. Nach unzähligen Meetings und Tausenden Dollar für Honorare waren wir so klug wie zuvor. Dies war nicht die Schuld der Experten, die ihr Bestes versucht haben. Der Fehler liegt im System, das zu kompliziert, schwer verständlich und oft vage formuliert ist. Damit bremst es wirtschaftliches Wachstum und verschlingt öffentliche Gelder, weil eine riesige Bürokratie notwendig ist, um dieses Wirrwarr administrieren zu können.

Warum entwickeln wir nicht ein einfaches, geradliniges System? Ich bin überzeugt, dass dies möglich ist. Mein Vorschlag wäre eine Konsumsteuer, die beim Kauf von Produkten oder Leistungen anfällt. Also eine Steuer, die dort ansetzt, wo Geld ausgegeben wird, und nicht dort, wo es verdient wird. Im Kern würden damit jene – Firmen und Personen – belohnt, die produktiv und sparsam sind, auch weil Einkommenszuwächse und Investitionen nicht belastet würden. Menschen, deren Einkommen unter einer Mindestgrenze liegt, sollten gänzlich von der Steuer befreit sein. Und es sollte Steuervorteile für Unternehmen geben, die neue Arbeitsplätze schaffen. Denn je mehr Menschen Arbeit und Einkommen haben und damit Geld ausgeben können, desto höher wären die Einnahmen aus der Konsumsteuer.

Es ist klar, dass der Staat immer Steuereinnahmen brauchen wird. Die Frage ist aber: Welches Steuersystem kann am besten dazu beitragen, Wirtschaftswachstum, Investitionen und einen höheren Lebensstandard zu fördern? Ich meine, eine Konsumsteuer wäre die beste Lösung.

Gefangen im System

Jedes Jahr, wenn im Parlament die Budgetverhandlungen anstehen, ergibt sich dasselbe Bild: Es ist fast unmöglich, einen Staatshaushalt zu beschließen, da jede Partei vor allem eigene Interessen verfolgt. Am Ende steht ein Kompromiss, aber nicht die beste Lösung für das Land.

Es ist nicht verwunderlich, dass es bei der Frage um das Staatsbudget oder bei anderen wichtigen Entscheidungen nur selten klare Positionen der Parteien gibt, sondern bestenfalls Kompromisslösungen. Denn niemand, kein Politiker und keine Partei, möchte Überbringer schlechter Nachrichten sein, also dass im Bereich der öffentlichen Verwaltung oder bei staatlichen Ausgaben gespart werden muss.

Dies erinnert mich oft an das Bild einer Schildkröte: Eine Schildkröte kommt nur voran, wenn sie ihren Kopf herausstreckt. Zieht sie den Kopf ein, ist sie sicher, aber sie kann sich auch nicht bewegen. Streckt sie den Kopf heraus, kommt sie voran, gibt aber ihren Schutz auf und riskiert, dass sie von ihren Feinden attackiert wird.

Ähnlich ist es in der Politik: Wer den Kopf hinausstreckt, Wahrheiten und Notwendigkeiten offen ausspricht, muss mit heftiger Kritik rechnen. Insbesondere, wenn er das als Erster tut. Also scheuen sich alle, Botschafter schlechter Nachrichten zu sein. Für mich ist dies wie ein Reflex: Vorschläge anderer Parteien werden abgelehnt und kritisiert – aber nicht der Sache wegen, sondern oft nur deshalb, weil sie von anderen Parteien kommen. In letzter Konsequenz führt dies zu einem politischen Stillstand. Dringend notwendige Reformmaßnahmen werden nicht gesetzt, weil niemand den ersten Stein werfen möchte. Verstärkt wird dies durch das logische Mandat jedes Politikers, nämlich gewählt und wiedergewählt zu werden. Welcher Politiker will schon vor einer Wahl mit unpopulären Maßnahmen an die Öffentlichkeit treten, zumal er dadurch seine Chancen auf Wiederwahl reduziert?

Für unser Land, das im globalen Wettbewerb um Arbeitsplätze und Wirtschaftsstandorte steht, ist dies nicht gut. Wir schwächen dadurch unsere Position gegenüber unseren Mitbewerbern, weil unsere Verwaltungskosten zu hoch sind. Und wir brauchen Reformen, wenn wir unseren Lebensstandard halten und weiter verbessern wollen.

Ich versuche mich immer zivilisiert auszudrücken und niemanden zum Sündenbock für Fehlentwicklungen zu machen. Insbesondere deshalb, weil wir alle mitverantwortlich für bestehende Zustände sind. Daher kritisiere ich auch nicht die Politiker, die sich im zuvor beschriebenen Sinn verhalten. Ich gestehe ihnen zu, dass sie – neben ihren eigenen Interessen – auch das Beste für unser Land verfolgen und sich bemühen, neue Lösungen zu finden. Sie können dies aber oft nicht unvoreingenommen tun, da sie Gefangene unseres politischen Systems sind. Einen Vorschlag, wie man diese Problematik überwinden und eine Balance zwischen den Interessen der Parteien und jenen der Bürger auf Basis sozialökonomischer Gerechtigkeit schaffen kann, möchte ich bald machen.

Interessen ausbalancieren

Zuletzt habe ich die Probleme einer Demokratie beschrieben, die von Parteiinteressen und dem Streben der Politiker, gewählt und wiedergewählt zu werden, geprägt ist. Heute möchte ich einen Vorschlag machen, wie dies im Interesse des Landes und der Bürger ausbalanciert werden könnte.

Das Mandat eines Politikers ist es, die Interessen der Bürger zu vertreten. Es ist verständlich, dass Politiker auch danach streben, wiedergewählt zu werden. Letzteres – nicht zynisch gemeint – führt dazu, dass die Interessen auseinandergehen. Nämlich die langfristigen Interessen des Landes, die oft auch unpopuläre Maßnahmen erfordern, und die kurzfristigeren von Politikern, in der nächsten Periode wiedergewählt zu werden.

Die Interessen müssen also ausbalanciert werden. Ich betone, dass Parteien wichtig sind, da sie in der Demokratie eine tragende Rolle einnehmen. Aber wir brauchen ein Korrektiv, eine Bürgervertretung, die frei vom Druck von Wahl, Wiederwahl oder Parteiinteressen agieren kann und deren Entscheidungen in Beschlüsse über wichtige Gesetze oder das Budget einfließen.

Für die Bestellung der Bürgervertretung könnte man sich am bewährten Schöffensystem bei Gericht orientieren und per Zufallsgenerator aus jedem Wahlkreis eine Liste möglicher Kandidaten generieren. Diese könnten sich mit ihrem Lebenslauf gegenüber den Wählern präsentieren. Es sollten 92 Bürgervertreter (einer mehr als die Hälfte der 183 Nationalratsabgeordneten) gewählt werden, proportional nach Bundesländern verteilt.

Die Bürgervertreter sollten geheim abstimmen, um nur dem eigenen Gewissen verpflichtet zu sein. Nach Addition der Stimmen (183 Abgeordnete, 92 Bürgervertreter) wäre eine einfache Mehrheit notwendig, um Gesetze zu beschließen.

Ich meine, dass dies die Regierungsarbeit effizienter und bürgernäher machen würde. Parlamentarische Abläufe könnte ich mir so vorstellen: Die Regierung bringt Gesetzesvorschläge ein. Die Opposition muss zu jedem Vorschlag eine Alternative liefern. Dann stimmen Parlamentarier und Bürgervertreter ab. Werden beide Vorschläge abgelehnt, kann die Regierung einen verbesserten Entwurf präsentieren. Wird auch dieser abgelehnt, hat die Regierung zwei Möglichkeiten: abdanken oder den Vorschlag der Opposition umsetzen.

Die verpflichtende Vorlage von Alternativen ist ein wichtiges Element meiner Idee. Die Opposition wäre gezwungen, aus der Rolle des reinen Kritikers herauszugehen und konstruktive Vorschläge zu machen. Heute ist es oft so, dass Vorschläge reflexartig abgelehnt werden, nur weil sie von anderen Parteien kommen.

Ich weiß, dass die Idee verfeinert werden muss. Ich möchte einen Nachdenkprozess anregen, weil wir es den Politikern nicht alleine überlassen können, Entscheidungen für das Land zu treffen. Daher würde ich mich über andere Vorschläge freuen.

Freiheit und Demokratie globalisieren

Die jüngsten Entwicklungen in der arabischen Welt und der Wunsch der Menschen nach mehr Freiheit verstärken den Auftrag an die westliche Welt, Freiheit und Demokratie global zu unterstützen.

Die Globalisierung bestimmt unser Leben. Globale Kommunikation, globale Mobilität, und in der Wirtschaft ist der globale Wettbewerb inzwischen eine selbstverständliche Herausforderung, der sich Unternehmen und Länder stellen müssen. Höchste Werte wie Freiheit, Demokratie und Menschenrechte sind jedoch bei Weitem noch nicht globalisiert. Im Gegenteil. Sie sind lokal geblieben und in weiten Teilen der Welt nicht verankert. Ich meine, dass die westliche Welt aufgefordert ist, in diesem Bereich einen Globalisierungsprozess voranzutreiben.

Zu oft haben wir in der Vergangenheit weggesehen, wenn in Diktaturen oder korrupten Regimen die Menschenrechte mit Füßen getreten und Freiheits- und Demokratiebewegungen niedergeschlagen wurden. Man muss eingestehen, dass oft auch wirtschaftliche Interessen dafür verantwortlich waren. In jedem Fall hat dies die Stagnation in den jeweiligen Ländern und die Armut der Menschen dort weiter verschärft. Es zeigt sich immer wieder, dass in Ländern, in denen Individuen frei und ohne Angst vor Repression sprechen, denken und handeln können, die Gesellschaft an sich in der Lage ist, einen höheren Lebensstandard für die Menschen zu schaffen und auch wirtschaftlich zu florieren.

In diesem Zusammenhang müssen wir auch stärker auf der Hut vor jenen Führern sein, die die Religion missbrauchen, um Hass zu schüren oder Unterdrückung zu fördern. In vielen demokratischen Ländern leben Christen, Juden, Muslime, Hindus und Menschen anderen Glaubens harmonisch zusammen. Daher haben solche Länder eine moralische Verpflichtung, religiösen Extremismus anzuprangern und zur Überwindung beizutragen. Denn in Wahrheit teilen Menschen jedweden Glaubens doch einen gemeinsamen Wunsch: frei zu sein und die Möglichkeit zu haben, ein besseres Leben für sich und ihre Familien zu schaffen.

Freie Gesellschaften und eine freie Wirtschaft gehen Hand in Hand, bilden gemeinsam das Fundament für Entwicklung, wirtschaftliches

Wachstum und eine Verbesserung des Lebensstandards. Der Demokratie kommt dabei eine entscheidende Rolle zu, da sie diesen Prozess langfristig stabilisieren und die Ursache für zahlreiche Konflikte auf der Welt an deren Wurzeln behandeln und beseitigen kann.

Aber nicht nur weil es der tief verwurzelte Wunsch und das Recht jedes Menschen ist, frei zu leben, müssen wir Freiheit, Demokratie und Menschenrechte mit allen Mitteln verteidigen und für deren globale Verbreitung sorgen. Für uns in der westlichen Welt muss es auch in unserem eigenen Interesse liegen, aktiver als bisher zur Bekämpfung von Armut und Unterdrückung in weiten Teilen der Welt beizutragen, um Stabilität und Sicherheit zu erhöhen.

Ein effizienteres Sozialsystem

Immer wieder zeige ich die Notwendigkeit eines einfachen, klaren Steuersystems aufgezeigt. Es gibt einen weiteren Bereich der öffentlichen Verwaltung, der dringend reformiert werden müsste – das Sozialsystem.

Wenn es um die Reform des Sozialsystems geht, stehen wir vor einer großen Herausforderung: Wie können wir es schaffen, die Armut zu bekämpfen, die Würde jener Menschen absolut zu wahren, die Sozialhilfe empfangen, aber dabei gleichzeitig die öffentlichen Ausgaben zu reduzieren? Letzteres muss uns aber gelingen, wenn wir nicht Gefahr laufen wollen, dass das System eines Tages kollabiert und wir jenen nicht mehr helfen können, die Hilfe wirklich brauchen.

Eine Maßnahme könnte so aussehen: Statt viel Bürokratie könnte man für Bedürftige eine Sozialkarte einführen, auf der sich für jeweils eine bestimmte Periode ein maximaler Gesamtbetrag und einzelne Mindestbeträge für grundlegende Bedürfnisse wie Ernährung, Kleidung und Wohnen befinden. Die Höhe der Beträge wäre abhängig von der Situation und der Zahl der Personen im Haushalt zu staffeln. Der Gebrauch der Karte sollte für bestimmte Dinge wie Alkohol, Tabak oder Glücksspiele nicht möglich sein. Meiner Meinung nach würde dieses Modell Bürokratie reduzieren, weniger Behördengänge notwendig machen, die Eigenverantwortung erhöhen und auch das Anspruchsdenken reduzieren – dabei aber sicherstellen, dass die Betroffenen ihre grundlegenden Lebensbedürfnisse vernünftig decken können.

Armut ist wie eine Krebserkrankung unserer Gesellschaft. Wenn sie nicht bekämpft wird, breitet sie sich immer weiter aus. Unser Sozialsystem hat sich über mehrere Generationen entwickelt und hat ohne Zweifel einen hohen Standard erreicht. Dennoch ist es eine Schande, dass es in einem der reichsten Länder der Welt Menschen gibt, die in Armut leben müssen, ja dass ihre Zahl sogar steigt.

Eine Sozialkarte könnte beitragen, das Sozialsystem mehr zu dem zu machen, was es eigentlich sein sollte – nämlich eine Hilfe für jene, die in Not geraten sind und zeitlich befristete Unterstützung brauchen, und eine Sicherheit für jene, die aufgrund von Krankheiten, Unfällen oder Behinderungen nicht für ihren Lebensunterhalt sorgen können.

Überdies sollten wir über stärkere Anreize und Belohnungen für jene nachdenken, die es aus eigenem Antrieb schaffen, ihren Lebensunterhalt ohne Sozialhilfe zu bestreiten. Wir brauchen ein System, welches den tief verwurzelten menschlichen Instinkt, sich zu verbessern und weiterzuentwickeln, anspornt, anstelle Sackgassen zu fördern, in welchen viele bequem leben, ohne sich wirklich anstrengen und ihr Potential ausschöpfen zu müssen.

Das Mandat eines Unternehmens

Eine Firma hat im Prinzip eine einzige Aufgabe: Gewinne zu machen. Firmen, die keine Gewinne machen, sind für niemanden gut – nicht für ihre Eigentümer und Aktionäre, nicht für die Mitarbeiter und auch nicht für die Gesellschaft.

Eine Firma, die keinen Gewinn macht, ist eine Last für die Gesellschaft. Sie kann keine Arbeitsplätze schaffen und sichern, keine Aufträge vergeben, nicht in Anlagen investieren, keine Steuern zahlen und auch kein Geld für gesellschaftliche Zwecke zur Verfügung stellen.

Um ihre gesellschaftliche Funktion erfüllen zu können, müssen Firmen frei agieren können – natürlich im Rahmen der Gesetze, aber ohne die bürokratischen Lasten, die ihnen von den Regierungen auferlegt werden. In Europa und Nordamerika gibt es Tendenzen, Unternehmen immer mehr zu Trägern sozialer Aufgaben zu machen, die in zusätzlichen Kosten resultieren. Firmen haben eine Verantwortung für ihre Mitarbeiter und zum Beispiel auch für den Umweltschutz. Sie können aber nicht zum Hüter der sozialen Wohlfahrt gemacht werden – diese Rolle muss in der Verantwortung des Staates bleiben.

Wie können wir Firmen wettbewerbsfähiger machen? Und profitabler – zum Wohl der Gesellschaft? Ein Problem ist immer noch das schwierige Verhältnis zwischen Arbeitgebern und Arbeitnehmern. Ich habe schon oft betont, dass wir eine neue Form der Zusammenarbeit brauchen, um die Unternehmen für den harten globalen Wettbewerb konkurrenzfähig machen. Diese neue Zusammenarbeit soll die Rechte der Arbeiter sichern und gleichzeitig ein Klima schaffen, in welchem Produktivität gefördert und belohnt wird. Konfrontationen müssen auf ein Minimum reduziert, Streiks völlig verhindert werden. Alle Beteiligten müssen akzeptieren, dass sie im selben Boot sitzen und nur gemeinsam erfolgreich sein können.

Ein weiterer zentraler Bereich dieser neuen Zusammenarbeit sollten wettbewerbsfähige Löhne, Gehälter und Zusatzleistungen sein. Es kann nicht sein, dass Arbeiter in einem bestimmten Sektor für ähnliche Leistungen deutlich mehr verdienen als Kollegen in anderen Industriebereichen. Ein Vorschlag wäre, Lohn- und Gehaltsvereinbarungen an einen Industrie-Durchschnittsindex zu koppeln. Firmen müssten absolut transparent hinsichtlich ihrer Gewinne sein. Dann wären Mitarbeiter auch bereit zu akzeptieren, dass ihre Bezahlung an einen Durchschnittsindex gekoppelt würde, wenn sie als Ergänzung einen Teil der Gewinne erhalten und so am Erfolg und Wachstum des Unternehmens partizipieren könnten.

Machen wir uns nichts vor: Letztlich beruht unser gesamtes Sozialsystem auf der Stärke unserer Wirtschaft. Wenn unsere Unternehmen nicht wettbewerbsfähig sind, von Bürokratie erdrückt werden und kein Geld verdienen können, leidet die gesamte Gesellschaft. Daher sollten wir dafür sorgen, dass sich unsere Unternehmen auf ihre Aufgabe konzentrieren können, nämlich Geld zu verdienen – für ihre Mitarbeiter, ihre Eigentümer und die Gesellschaft als Ganzes.

Bewährte Erfolgsprinzipien

Viele Eigenschaften, die man für wirtschaftlichen Erfolg braucht, sind auch oft im Privatleben wichtig. Die meisten sind einfach und bewährt, wie das Erkennen und Setzen von Prioritäten, Entscheidungsfreude und ein Leben in Balance. Ich habe mich im Laufe meiner ganzen Karriere an diesen Eigenschaften orientiert.

Prioritäten setzen – ob im persönlichen Bereich oder in der Karriere – ist sehr wichtig. Ich wurde oft von Studenten gefragt, was ich ihnen raten würde, wie sie in der Wirtschaft erfolgreich sein können. Ich habe immer das Setzen der richtigen Prioritäten in den Vordergrund gestellt. Gerade im Geschäftsleben kann es fatal sein, wenn man die falschen Schwerpunkte setzt. Ich habe Besprechungen erlebt, in welchen die Teilnehmer vom Hundertsten ins Tausendste kamen, von einem Thema zum nächsten sprangen, ohne Gespür dafür, was wirklich wichtig und dringend ist.

Das vielleicht wichtigste Prinzip ist in meinen Augen ein Leben in Balance. Die Anforderungen und der Druck in der Wirtschaft können enorm groß sein und das Privatleben belasten. Daher ist es so wichtig, dass man von Zeit zu Zeit abschaltet, sich seiner Familie widmet und bei Hobbys, Sport oder anderen Freizeitbeschäftigungen neue Kraft tankt. In meinem Fall ist es meine Leidenschaft für Pferde, die für mich einen perfekten Ausgleich darstellt. Aber egal, was man tut, wichtig ist, dass man Körper und Geist Ruhepausen gönnt, den Druck reduziert, tief durchatmet, um sich dann wieder voller Energie an die Arbeit zu machen.

Entscheidungsfreude ist das dritte, wesentliche Prinzip für Erfolg. In meiner Karriere habe ich es so gehalten: Wenn ich zu einer Meinung gekommen bin und alle Vor- und Nachteile sorgfältig analysiert und abgewogen habe, dann habe ich eine Entscheidung getroffen und diese auch umgesetzt. Viele Menschen beginnen, nachdem sie eine Entscheidung getroffen haben, zu zaudern. Das sollte nicht sein. Ist die Entscheidung – wie gesagt, immer auf Basis einer fundierten Analyse und Abwägung – einmal getroffen, muss sie konsequent umgesetzt werden. Nur so kann man etwas erreichen, nur so kann man Fortschritte machen.

Selbstverständlich gibt es Situationen – und diese gab es auch bei mir –, in welchen man eine falsche Entscheidung getroffen oder sich in eine Sackgasse manövriert hat. Diese Erfahrungen sind aber genauso wichtig und können sehr hilfreich sein. Vorausgesetzt, man blickt zurück und ist bereit, aus Fehlern in der Vergangenheit zu lernen. Aber danach muss der Blick sofort wieder in die Zukunft gerichtet werden. Jede Entscheidung ist mit Risiken behaftet, aber, wie ich immer sage, die Schildkröte kann nur vorwärtskommen, wenn sie bereit ist, ein Risiko einzugehen und ihren Kopf aus ihrem Panzer zu strecken. Lässt sie ihn drinnen, ist sie zwar sicher, kommt aber keinen Millimeter voran.

Unzufriedenheit ist ansteckend

Wenn ich eine unserer Fabriken besuche, muss ich nicht auf deren Bilanz schauen, um zu wissen, ob die Fabrik Gewinne macht oder nicht. Ein Blick in die Gesichter der Mitarbeiter reicht.

Unfaire Behandlung am Arbeitsplatz führt zu Unzufriedenheit, und diese ist ansteckend. Mit verärgerten, enttäuschten Mitarbeitern und Unzufriedenheit, die sich über weite Bereiche des Unternehmens erstreckt, kann keine Firma Qualitätsprodukte zu wettbewerbsfähigen Preisen herstellen. Einfach ausgedrückt: Auf Dauer wird jedes Unternehmen scheitern, das Mitarbeiter diskriminiert und unfair behandelt. Ich weiß, wovon ich spreche, da ich als Arbeiter früher auch unfair behandelt worden bin.

In meinen Unternehmen habe ich deshalb schon vor Jahrzehnten eine Reihe von Maßnahmen gesetzt und Instrumente eingeführt, welche für ein faires, gerechtes Arbeitsumfeld sorgen sollen. An erster Stelle möchte ich die Mitarbeiter-Charta nennen, die den Mitarbeitern fundamentale Rechte wie faire, korrekte Behandlung, Sicherheit am Arbeitsplatz oder wettbewerbsfähige Löhne und Gehälter garantiert. Wenn Mitarbeiter glauben, dass diese Prinzipien von ihren Vorgesetzten nicht eingehalten werden, können sie – falls das Problem vor Ort nicht gelöst werden kann – eine kostenfreie Hotline anrufen, die mit ausgebildeten Beratern besetzt ist. Alle Anrufe werden strikt vertraulich behandelt. Die Berater müssen Lösungsmöglichkeiten suchen und dabei – falls notwendig – auch höhere Instanzen im Unternehmen involvieren. Zusätzlich dazu führen wir in regelmäßigen Abständen von 12 bis 18 Monaten anonyme Befragungen unter allen Mitarbeitern weltweit durch, um deren Meinung zum Betriebsklima und den genannten Prinzipien zu erfahren.

Warum ist dies notwendig? Wenn man als Unternehmer fair handeln will, muss man die Mitarbeiter direkt fragen, ob sie fair und respektvoll behandelt werden und ob das Unternehmen hält, was es ihnen verspricht. Und man muss ihnen die Möglichkeit geben, Missstände offen und ohne Angst vor Konsequenzen aufzeigen zu können.

Natürlich ist es schwierig, immer fair zu sein, denn die Welt, in der wir leben, ist nicht perfekt, und Menschen handeln oft unverantwortlich. Daher können auch Instrumente wie die zuvor beschriebenen Fairness nicht vollständig garantieren. Aber sie unterstreichen, dass sich das Unternehmen ernsthaft und glaubwürdig darum bemüht. Wenn die Mitarbeiter dies erkennen, ist man auf dem richtigen Weg.

Die Wirtschaft funktioniert oft relativ einfach: Wenn Mitarbeiter unzufrieden und unglücklich sind, dann sind sie nicht mit dem Herzen bei der Arbeit und werden nur das Notwendigste tun, um ihren Job zu behalten. Wenn sie aber spüren, dass sie als Menschen ernst genommen werden, dass jede und jeder Einzelne ein wichtiger Teil des Ganzen ist, sie Anerkennung und Wertschätzung erfahren und ihre Leistungen auch mit einem fairen Anteil am Gesamtgewinn belohnt werden, dann entsteht ein Team, das nur schwer zu schlagen ist. Manager, die ein solches Klima nicht erzeugen können, sind nicht geeignet, eine Firma in eine langfristige und erfolgreiche Zukunft zu führen.

Wie Firmen gesellschaftliche Verantwortung wahrnehmen

Wenn ich die Bilder aus Japan mit zerstörten Städten und obdachlosen Menschen sehe, kommen Erinnerungen an den Hurrikan Katrina zurück, der die Region New Orleans vor sechs Jahren verwüstet hat.

Ich saß damals in einem Hotelzimmer und verfolgte die Abendnachrichten. Ich war erschüttert von den Bildern der Menschen, die unter einer der größten Naturkatastrophen in der Geschichte Amerikas zu leiden hatten. Der Hurrikan hat massive Überflutungen ausgelöst und eine Million Menschen obdachlos gemacht. Diese Bilder erinnerten mich an Österreich gegen Ende des Zweiten Weltkrieges, als ich ein junger Bub war. Solche Erinnerungen lassen sie nie auslöschen, sie brennen sich in die Seele ein.

Ich habe sofort zum Telefon gegriffen und mit Magna-Managern gesprochen, wie wir helfen könnten. Magna konnte damals ein Jahr mit Rekordgewinnen abschließen. Daher war es für mich klar, dass wir die Verpflichtung hatten zu helfen. Unser Vorteil war, dass wir rasch und unbürokratisch handeln konnten, nicht wie Regierungsstellen, die durch Bürokratie und politische Prozesse gelähmt waren. Also haben wir sofort einen Notfallplan entwickelt. Schon am nächsten Tag war ein Magna-Team vor Ort und konnte mit der US-Arme und dem Roten Kreuz Betroffene mit Bussen und Flugzeugen nach Florida transportieren, wo wir in einem meiner Pferdetrainingszentren Unterkünfte für 300 Menschen zur Verfügung stellen konnten. Für Familien mit kleinen Kindern, ältere Personen und behinderte Menschen. Die meisten trugen gerade Schuhe und einen Rest von Kleidung am Leib und ihre letzten Habseligkeiten in Säcken bei sich.

In Florida warteten bereits rund 1000 Helfer, Ärzte, Schwestern, Köche usw. Die Erstversorgung mit Essen und Unterkunft war einfach. Schwieriger war es, eine Lösung zu finden, um den Betroffenen beim Wiederaufbau ihrer Existenzen zu helfen. Also haben wir ein Stück Land in Louisiana gekauft und darauf – praktisch auf dem Reißbrett und innerhalb von nur drei Monaten – eine Siedlung, genannt »Magnaville«, errichtet, um den Menschen einen Neustart zu ermöglichen.

Einen Monat später verwüstete ein gewaltiges Erdbeben den Nordwesten Pakistans, welches 80 000 Todesopfer, darunter viele Kinder, forderte. Hier habe ich veranlasst, dass nicht nur Geld gespendet, sondern auch eine Schule in einer stark betroffenen Region errichtet wird. Diese Schule besteht seit fünf Jahren und hilft den Kindern, Bildung und Zukunftschancen zu erlangen.

Beide Initiativen – New Orleans und Pakistan – sind einige Beispiele von vielen für die gesellschaftliche Verantwortung eines globalen Unternehmens. Die Mittel stammen aus der Gewinnverteilungsformel, die ich eingeführt habe. Daher haben wir nun auch beschlossen, das Rote Kreuz in Japan mit einer Viertelmillion Dollar zu unterstützen und einen Hilfsfond für einzurichten. Das ist das Mindeste, was wir für die Menschen tun können.

Wissen basiert auf Phantasie und Vorstellungskraft

Phantasie und Vorstellungskraft zählen zu den höchsten Formen menschlicher Intelligenz. Sie sind die Basis für die Erweiterung des Wissens und bilden oft den ersten Schritt, um Träume zu verwirklichen.

Klassisches Wissen unterliegt Beschränkungen. Wir können niemals alles wissen, und selbst wenn wir neues Wissen erlangen, bleiben die Umsetzungsmöglichkeiten beschränkt. Vorstellungskraft und Phantasie sind grenzenlos – nicht eingeengt oder begrenzt durch gegenwärtiges Wissen. Vielmehr sind sie von der Idee beseelt, wie die Dinge sein könnten.

Die größten Erfindungen und Entwicklungen der Menschheit hatten ihren Ursprung in unserer Vorstellungskraft, bevor sie im Laufe der Zeit durch angesammeltes Wissen und Fähigkeiten verfeinert und weiterentwickelt wurden. Alles, was revolutionär neu war, was unsere Gesellschaft in großen Sprüngen verändert hat, war ein Produkt menschlicher Imagination. Bedeutende Fortschritte und Innovationen wurden von Menschen ausgelöst, die die Fähigkeit besaßen, ihre Vorstellungskraft und Phantasie zu nutzen und zu realisieren.

Eigentlich beschränken wir uns selbst damit, wenn wir Menschen nicht anregen, ihre Phantasie walten zu lassen. Dies gilt vor allem für unsere Jugend. Wir müssen sie schon in jüngsten Jahren dazu ermutigen, sie in ihrer Schulzeit verschiedenste Dinge ausprobieren lassen, sie in ihrer Kreativität und Phantasie fördern, nicht einbremsen. Diese Fähigkeiten, die im frühesten Jugendalter erlernt werden müssen, sind in letzter Konsequenz genauso wichtig wie methodisches, wissenschaftliches Arbeiten oder kritisches Denken und Hinterfragen von bestehenden Zuständen.

Ohne Vorstellungskraft keine Zukunft, keine Entwicklung, sondern allenfalls ein Weiterführen bestehender Zustände. Die vorletzte Jahrhundertwende markierte möglicherweise jenen Zeitraum, in welchem die Menschheit die größten technologischen Sprünge machte. Eisenbahnen, Autos oder Flugzeuge haben unsere Lebensweise revolutioniert, haben unser Leben schneller gemacht und durch höhere Mobilität auch die individuelle Freiheit erhöht.

Ich habe in meinem Leben einiges erreicht. Trotzdem sind meine Vorstellungskraft und Phantasie, mein Denken in die Zukunft ungebrochen. Aus diesem Grund habe ich auch ein Unternehmen für Elektromobilität gegründet, welches ich persönlich führe. Es soll eine wichtige Rolle in der Gestaltung der Autos und der Mobilität der Zukunft spielen. Es ist mir aber wichtig, dass wir nicht nur an der Weiterentwicklung bestehender Fahrzeuge arbeiten. Wir wollen das Auto radikal neu denken, überholte Eigenschaften ablegen und Visionen in konkrete Lösungen überführen, die von kommenden Generationen nachgefragt werden.

Es geht nicht um neue Autos, es geht um eine neue Form individueller Mobilität. Wer schränkt uns denn ein? Niemand. Also warum nutzen wir unsere Phantasie und Kreativität nicht auch dazu, um nicht nur über das Auto – was nichts anderes ist als eine moderne Form des Pferdewagens – sondern auch über individuelle, ökologisch einwandfreie Fluggeräte nachzudenken. Ich wage die Prognose, dass wir solche noch in diesem Jahrhundert nutzen werden.

Die fünf tragenden Säulen der Gesellschaft

Die Institutionen, die den größten Einfluss auf die Entwicklung unserer Gesellschaft ausüben, sind Politik, Wirtschaft, Gewerkschaften, Medien und der akademische Bereich. Ich nenne sie die fünf tragenden Säulen der Gesellschaft.

Diese Institutionen haben enormen Einfluss auf alle Lebensbereiche. In Wahrheit schaffen sie gemeinsam die Voraussetzungen und das Klima, ob die Gesellschaft floriert, stagniert oder verfällt.

Eine der wesentlichen Aufgaben dieser Säulen ist es, so zu handeln, dass sich eine Balance mit allen anderen Säulen ergibt. Die Wirtschaft zum Beispiel wird oft durch die Regierungen und deren bürokratische Bestimmungen und Steuergesetzgebungen oder durch die Gewerkschaften im Zuge von Lohn- und Gehaltsverhandlungen oder Streikdrohungen beeinflusst. Die Politik auf der anderen Seite wird oft von den Medien gedrängt. Es ist verständlich, dass das Verhältnis zwischen diesen Säulen von Spannungen, Konflikten, aber auch von einem kontinuierlichen Geben und Nehmen geprägt ist.

Meiner Meinung nach ist es unerlässlich, dass sich die führenden Vertreter aus den genannten Bereichen regelmäßig treffen und darüber verständigen, was jeder einzelne Bereich beitragen kann, um die Wettbewerbsfähigkeit unseres Landes zu verbessern und den Lebensstandard der Menschen zu erhöhen. Es kann doch nicht so schwer sein, einen nationalen Dialog zwischen diesen fünf Säulen zu etablieren, der zum Ziel hat, dass alle Bereiche erkennen, dass sie im selben Boot sitzen und die Verpflichtung haben, in dieselbe Richtung zu rudern. Gelingt dies nicht, laufen wir Gefahr, einen Teufelskreis auszulösen. Ist die Wirtschaft nicht mehr konkurrenzfähig und kann keine Gewinne mehr machen, führt dies zu fehlenden Steuereinnahmen, die Regierung kann wichtige Bereiche wie etwa den Bildungs- und Wissenschaftssektor nicht mehr ausreichend finanzieren, und die Medien leiden unter Rückgängen bei ihren Werbeeinnahmen. Die Wirtschaft alleine kann die Probleme nicht lösen. Aber wir müssen auch erkennen, dass ohne eine starke, florierende Wirtschaft, ohne Unternehmen, die Gewinne machen, alle anderen Säulen geschwächt werden.

Es mag für manche nicht überraschend klingen, dass ich als Unternehmer und Gründer eines globalen Unternehmens die Bedeutung der Wirtschaft so stark unterstreiche. Aber wir dürfen uns nichts vormachen: Wir befinden uns in einem globalen Wettbewerb mit anderen Ländern, die teilweise Standortvorteile gegenüber Österreich haben und klarere Strategien für ihre Positionierung im weltweiten Konkurrenzkampf. Je länger wir zuwarten, desto mehr laufen wir Gefahr, in einen Rückstand zu geraten, der sich nur schwer oder eventuell gar nicht mehr aufholen lässt. Produkte mit dem Gütesiegel »Made in Austria« waren über Jahrzehnte weltweit erfolgreich, weil dies ein Synonym für höchste Qualität und Zuverlässigkeit war. Eine Wirtschafts- und Gesellschaftsstrategie »Made in Austria« im zuvor beschriebenen Sinne könnte diese bewährten Attribute wieder zu neuer Stärke führen – und zwar global.

Sag einfach Frank zu mir!

In den 80er-Jahren hat mich einmal ein Magazin als einen der härtesten und anspruchsvollsten Arbeitgeber in Kanada bezeichnet. Ich finde eigentlich nicht, dass ich hart bin oder zu viel von Mitarbeitern verlange.

Was ich aber schon verlange, ist, dass sich jeder wirklich bemüht. Außerdem habe ich eine gewisse Erwartungshaltung, was Qualität und Exzellenz betrifft, weil das auch unsere Kunden von uns erwarten. Ich habe aber immer versucht, Exzellenz zu erreichen, indem ich meine Mitarbeiter motiviert und ermutigt habe, bestmögliche Arbeit zu leisten. Ich versuche immer Leute zu gewinnen, die wirklich mit mir arbeiten wollen und die sich dafür begeistern, was wir gemeinsam erreichen wollen.

Dazu kommt, dass jeder instinktiv sein Bestes gibt, wenn er am Ergebnis beteiligt ist; das ist der Schlüssel zum Erfolg, der Grundstein der Magna Philosophie. Wenn man auf etwas stolz ist und das Gefühl hat, Miteigentümer zu sein, dann leistet man gerne die beste Arbeit. Meine Mitarbeiter wissen, dass ihr Einsatz zum Erfolg beiträgt und es dafür entsprechende finanzielle Anerkennung gibt.

Ich war immer schon der Ansicht, dass es keine schlechten Arbeiter gibt, nur schlechte Manager. Daher versuche ich immer konstruktive Kritik zu üben, zu motivieren und zu inspirieren. Niemals werde ich ausfällig oder schlage mit der Faust auf den Tisch, das entspricht nicht meiner Natur. Ich habe immer nach dem Prinzip gehandelt, dass es für alles, was man im Geschäftsleben oder im Privaten macht, Gründe geben sollte. Und ich versuche, die Gründe für mein Handeln zu erklären, wenn ich Entscheidungen treffe.

Ich denke, ich bin ein völlig normaler Mensch. Ich trage keinen teuren Schmuck oder goldene Uhren. Wenn ich nicht so oft mit Vorständen oder Bankern zusammenkommen würde, würde ich wahrscheinlich Jeans tragen anstatt eines Anzugs. Ich glaube nicht, dass mich der Reichtum verändert hat. Ich denke, ich bin immer noch der gleiche Mensch, der vor über 50 Jahren in Montreal von einem Passagierschiff gestiegen ist, mit ein paar Hundert Dollar in der Tasche und einem kleinen Koffer in der Hand, mit ein paar Hosen, T-Shirts und einer Windjacke. Ich habe nie auf Titel bestanden und war auch nie bei einem teuren und elitären Club dabei. Wenn ich Mitarbeiter oder auch andere Menschen treffe, nennen sie mich manchmal »Herr Stronach« oder, wenn sie englisch sprechen, vielleicht sogar »Sir«. Ich antworte dann immer »Sag einfach Frank zu mir«.

Meine Mitarbeiter wissen, dass ich kein Bürohengst bin mit akademischen Titeln, der noch nie eine Fabrik von innen gesehen hat. Ich habe selbst an den meisten Maschinen gearbeitet, an denen sie arbeiten, und habe ähnliche Tätigkeiten wie sie verrichtet.. Daher wissen sie, dass ich sie gut verstehe. Ich ermutige sie, mit mir einfach so zu sprechen, als sei ich ihr Kollege oder ein Freund. Weil letztendlich liegt meine Verantwortung darin, kontinuierlich Wege zu finden, wie wir gemeinsam etwas besser machen können.

Ich glaube, dass zu meinen größten Stärken zählt, dass ich viel Erfahrung in meinem Leben gesammelt habe. Ich war arbeitslos und hungrig, wurde diskriminiert und auch unfair behandelt. Diese Erfahrungen habe ich nie vergessen. Vielleicht bin ich deshalb besonders sensibel für die Themen, die die Mitarbeiter besonders bewegen. Daher habe mich ich im Laufe meiner Karriere immer darauf konzentriert, innovative Wege zu finden, das menschliche Kapital für gesteigerte Produktivität und Erfindergeist zu motivieren.

Ehrenamtliche Tätigkeit – ein unbezahlbarer Wert für die Gesellschaft

Österreich ist ein Land, in dem sehr viele Menschen ehrenamtlich arbeiten. Darüber können wir froh sein, darauf dürfen wir auch stolz sein. Denn ehrenamtliche Tätigkeiten sind unverzichtbar für eine starke, soziale Basis unserer Gesellschaft.

In den 1970er- und 1980er-Jahren habe ich in Kanada ehrenamtlich für eine wohltätige Organisation gearbeitet, die sich »Big Brothers« (große Brüder) nannte. Sie hatte sich zur Aufgabe gestellt, jungen Burschen, die ohne Väter oder Eltern und in schwierigen Verhältnissen aufwuchsen, erwachsene Männer zur Seite zu stellen, die sie als Vorbilder unterstützen, fördern und beraten konnten.

Ich bin mit meinem »kleinen Bruder« zu Sportveranstaltungen gegangen, habe ihm meine Firma gezeigt, aber auch ernsthafte Gespräche geführt. Ich habe die Zeit sehr genossen, weil ich gespürt habe, dass ich damit zu einem positiven Lebensweg beitragen kann. Nie habe ich daran gedacht, dass ich für die Zeit und Energie, die ich dafür aufgewendet habe, bezahlt werden könnte. Die schönste Belohnung war, einem jungen Mann zu helfen. Dies ist für mich der Kern ehrenamtlicher Tätigkeit.

In meinem Unternehmen habe ich die Regel verankert, dass wir bis zu zwei Prozent des Gewinnes für die Unterstützung wohltätiger oder kultureller Organisation oder Bildungsinstitutionen ausgeben. Damit haben wir vielen Einrichtungen geholfen, vor allem in Regionen, in welchen unsere Mitarbeiter mit ihren Familien leben. Die meisten dieser Einrichtungen bestehen aus ehrenamtlichen Mitarbeitern, die ihre Freizeit und ihre Talente im Dienste der Gesellschaft einsetzen – von Sportvereinen bis zu Initiativen, die älteren, bedürftigen oder kranken Menschen helfen.

Ich habe in vielen Beiräten karitativer Organisationen, Universitäten und Krankenhäusern gearbeitet und dabei wertvolle Erfahrungen gesammelt. Nicht nur Firmen haben eine Verantwortung, soziale Beiträge zu leisten, sondern jeder von uns. Besonders jene, die vom Glück mehr begünstigt wurden und somit Mittel und Möglichkeiten haben, davon etwas an die Gesellschaft zurückzugeben. Es tut gut, von Zeit zu Zeit in den Spiegel zu blicken und sich zu fragen: »Wie kann ich der Gesellschaft dienen?« Das müssen keine großartigen Dinge oder hohe Spenden sein. Kleine Initiativen sind ebenso wichtig. Bei Magna haben wir ein Nachbarschaftsnetzwerk gegründet, in welchem Menschen anderen Menschen in ihrer Nachbarschaft helfen. Dies kann darin bestehen, dass man älteren Nachbarn beim Schneeschaufeln hilft oder bedürftigen Familien zu Weihnachten kleine Geschenke für die Kinder macht. Obwohl das Netzwerk erst wenige Jahre besteht, hat es schon wertvolle Dienste in den Regionen geleistet, in welchen unsere Mitarbeiter leben und arbeiten.

Eine Gesellschaft ohne ehrenamtlich tätige Menschen wäre um vieles ärmer. Daher sollten wir allen, die ehrenamtlich arbeiten, unseren Dank und Respekt zeigen.

Ein Blick zurück – und nach vorne!

Im Jahr 2011 habe ich nach über 40 Jahren meine Funktion als Aufsichtsratsvorsitzender (Chairman of the Board) von Magna zurückgelegt. Ein guter Zeitpunkt, um einen Blick zurück – und einige Blicke nach vorne zu werfen.

Magna« ist Latein und bedeutet »groß«. Ich habe diesen Namen nicht gewählt, sondern von jener Firma übernommen, mit welcher ich meinen damals noch jungen Betrieb in den 1960er-Jahren fusioniert habe. Aber das Unternehmen wurde seinem Namen mehr als gerecht: Einerseits sind aus einem Ein-Mann-Betrieb inzwischen 117 000 Menschen geworden, die in 27 Ländern rund um den Globus bei Magna arbeiten. Andererseits ist Magna heute als weltweit führendes Unternehmen in der Automobilzulieferindustrie anerkannt. Dass man die Gründung und den Aufbau dieses Unternehmens zu dem, was es heute ist, immer mit meinem Namen verbinden wird, macht mich stolz.

Wenn ich sagen müsste, worauf ich dabei am meisten stolz bin, würde ich in jedem Fall die Fair-Enterprise-Philosophie nennen, die ich bei Magna entwickelt habe. In der Gründungsphase habe ich keine großartigen Philosophien verfolgt, sondern lediglich tagtäglich darum gekämpft, meine Firma in die Höhe zu bringen und die Kosten für Betrieb und Lebensunterhalt decken zu können. Was heute den Kern der Fair-Enterprise-Philosophie bildet, welche die Basis für den Erfolg und das Wachstum von Magna über die Jahre war, hat sich auf völlig natürliche Art und Weise entwickelt. Es ist eine Philosophie, die lebendig ist, sich ständig entwickelt und damit auch weiterhin den täglichen Betrieb in den Magna-Fabriken rund um den Globus bestimmt – und kein Kunstgebilde, welches in einem Elfenbeinturm entworfen wurde und nur auf dem Papier besteht. Im Prinzip haben wir ein reales, in der Praxis bewährtes Modell entwickelt, welches als Vorbild für andere Unternehmen dienen kann.

Nach diesem Blick zurück stellt sich natürlich die Frage, was ich tun werde, wenn ich einmal erwachsen bin. Noch bin ich mir nicht sicher. Hin und wieder denke ich mir, es wäre schön, einfach nichts zu tun, Ski zu fahren und die Zeit damit zu verbringen, die besten Skigebiete der Welt zu genießen.

In Wahrheit aber gibt es kein Gefühl, das mich mehr zufriedenstellt, als ein Unternehmen aufzubauen, es wachsen zu sehen und jene Menschen, die einen dabei begleiten, an Wachstum und Erfolg zu beteiligen. Deshalb werde ich genau dies auch in den nächsten Jahren weiter machen. In zahlreichen Bereichen außerhalb von Magna, wo ich unternehmerisch tätig bin, aber auch mit Magna. Ich kehre zu meinen Wurzeln zurück und beginne mit Magna E-Car Systems im Bereich Elektrofahrzeuge wieder ganz von vorne. Ich freue mich schon darauf, aus dieser Neugründung ein Unternehmen entstehen zu sehen, welches eine führende Rolle in der Entwicklung der Autos und der Mobilität der Zukunft spielen wird.

Die nächste Generation von Führungskräften

In der Zukunft werden vor allem jene Führungskräfte erfolgreich sein, die ihr Handwerk von Grund auf gelernt haben, das heißt sowohl technisches wie auch wirtschaftliches Verständnis haben.

Meine Schulausbildung endete mit der Hauptschule. Für mich war es lange unvorstellbar, dass einmal ein Universitätsinstitut nach mir benannt sein würde. Nun gibt es das Frank-Stronach Institut an der Technischen Universität Graz, welches seit 2004 erfolgreich besteht. Bei der Gründung war es mir wichtig, dass es kein herkömmliches Universitätsinstitut sein soll, sondern ein Zentrum, das Unternehmer der Zukunft ausbildet. Ziel ist es, junge Menschen auf zwei Ebenen auszubilden – als hervorragende Techniker, die gleichzeitig Führungskräfte mit sozialökonomischem Verständnis sind.

Meine Ausbildung begann ich mit 14 Jahren, als mich meine Mutter in die größte Fabrik meiner Heimatgemeinde – ELIN in Weiz – mitnahm und dem Vorarbeiter vorstellte. Wie Hunderte andere Menschen aus der Region arbeitete auch sie dort. Ich kann mich gut erinnern, wie ich gemeinsam mit meiner Mutter und den anderen Arbeitern frühmorgens vor dem Werkstor stand und wartete, bis es geöffnet wurde und das Signal zum Start der Frühschicht gegeben wurde. Meine Mutter war eine pragmatisch denkende Frau mit eisernem Willen. Sie bat den Vorarbeiter, mich als Lehrling aufzunehmen und zum Werkzeugmacher auszubilden. Ihr Gedanke war es, dass mir eine gute praktische Ausbildung die Basis schaffen würde, um einmal eine solide Lebensgrundlage für mich und meine Familie zu haben.

Ich war damals noch relativ klein, also musste ich bei manchen Maschinen auf Kisten steigen, um sie bedienen zu können. Die älteren Arbeiter nahmen mich unter ihre Fittiche und schon bald fühlte ich mich in der Fabrik wohl. Die täglichen Abläufe gefielen mir, auch die Kameradschaft unter den Arbeitern und das Erlebnis, gemeinsam etwas zu schaffen. Diese Erfahrungen haben mich geprägt und waren sehr wichtig für mich, als ich später selbst eine Firma geführt habe.

Als Magna Mitte der 1980er-Jahre stark zu wachsen begann, gründeten wir das erste Trainingszentrum, um jungen Menschen die Möglichkeit zu bieten, Erfahrungen zu sammeln, die für das Unternehmen und auch für sie selbst wichtig waren.

Führungskräfte, die technische Prozesse verstehen und Menschen mit sozialökonomischem Verständnis führen können, fallen nicht vom Himmel – sie müssen ihr Handwerk von Grund auf lernen. Dieses Ziel verfolgen wir mit unseren Trainingszentren, mit dem Frank-Stronach Institut und anderen Einrichtungen weltweit. Denn im globalen Wettbewerb kann eine Firma nur erfolgreich sein, wenn Management und Mitarbeiter zusammenarbeiten, gemeinsam Qualitätsprodukte zu wettbewerbsfähigen Preisen entwickeln und laufend Innovationen hervorbringen. Dazu braucht es Führungskräfte, die ihre Aufgabe richtig verstehen.

Das Spieler-Gen

In fast jedem von uns steckt ein wenig von dem, was man als Spieler-Gen bezeichnen könnte. Staatliche Regulierungen sind notwendig. Bei diesen vermisse ich das Augenmaß für die sehr unterschiedlichen Bereiche, in denen gespielt wird.

Wer von uns spielt nicht gerne einmal mit Freunden Karten, kauft sich ein Brieflos, spielt Lotto oder platziert Wetten bei Sportveranstaltungen oder Pferderennen? Für mich ist es am faszinierendsten, einen Sonntagnachmittag auf einer Pferderennbahn zu verbringen. Man trifft dort die unterschiedlichsten Menschen – von älteren Damen mit exotischen Hüten bis hin zum typischen Wetter, der mit der Zigarre in der Hand die Startlisten studiert und den goldenen Tipp sucht. Allen ist gemein, dass sie Unterhaltung wollen, das Spektakel lieben, beim Zieleinlauf mitfiebern und hoffen, ein paar Euro zu gewinnen. Diese spannungsgeladene Atmosphäre, die man auch in Casinos erleben kann, übt einen besonderen Reiz aus.

Natürlich muss es staatliche Regulierungen für Glücksspiele und Wetten geben. Diese müssen einerseits sicherstellen, dass alles transparent und fair abläuft, und sollten andererseits beitragen, dass Menschen nicht durch Spielsucht in den finanziellen Ruin laufen. Für mich ist es aber unverständlich, dass es in diesen Bereichen immer striktere Regulierungen und Beschränkungen gibt, während wir immer noch vergeblich auf strenge Regeln für die Finanz- und Aktienmärkte warten. Gerade die jüngste Finanzkrise hat uns doch gezeigt, dass an manchen Börsen hemmungsloser gezockt und gewettet wurde als in jedem legalen Casino. Es wurde auf steigende oder fallende Kurse gewettet und eine riesige Blase erzeugt, die dann geplatzt ist, weil sie keine realwirtschaftliche Basis hatte. Kaum ist die schlimmste Phase der Krise vorbei, geht das Spiel wieder munter von vorne los. Und bis dato hat noch keine Regierung das wahre Problem aufgezeigt und Maßnahmen gesetzt, um eine Wiederholung zu verhindern. Stattdessen wurde mit Steuergeldern jenen Banken geholfen, die sich am meisten so verhalten haben, als ob sie im Casino wären. Ich hätte diese Banken auf ihren faulen Krediten und Finanzlöchern sitzen gelassen und stattdessen jene Banken weiter gestärkt, die sich während der gesamten Zeit als solide und korrekte Institute erwiesen haben.

In jedem von uns steckt etwas, das man als Spieler-Gen bezeichnen könnte, jedoch in unterschiedlich starker Ausprägung. Menschen werden immer Mittel und Wege finden, um Versuche anstellen zu können, mit möglichst geringen Einsätzen möglichst hohe Gewinne zu lukrieren. Daher sind Regulierungen notwendig. Ich meine aber mit Augenmaß und unter Bedacht, ob der mögliche Schaden überschaubar bleibt oder ob ganze Wirtschaftszweige, Nationen oder fast die gesamte Weltwirtschaft gefährdet werden können.

Folgt die nächste Wirtschaftskrise?

Seit der Wirtschaftskrise, die Ende 2008 ihren Ausgang nahm, ist praktisch nichts unternommen worden, um eine Wiederholung zu verhindern. Wenn nicht rasch gehandelt wird, steht uns ein noch schlimmerer Kollaps bevor.

In ihren ersten Reaktionen auf die Finanzkrise, die ab Ende 2008 in der globalen Wirtschaft riesige Schäden verursacht hat, haben viele Politiker von Gegenmaßnahmen gesprochen, die sofort zu ergreifen seien. Betrachtet man die Situation heute, muss man enttäuscht feststellen, dass substantiell praktisch nichts passiert ist, um eine Wiederholung zu verhindern. Es sind weder die Ursachen wirksam bekämpft worden, noch wurden klare, strenge Regeln für die immer noch weitgehend unregulierten Finanzsysteme, die letztlich den Ausgangspunkt des Übels gebildet haben, eingeführt.

Noch schlimmer wiegt die Tatsache, dass Abermilliarden in das System gepumpt wurden, um den totalen Zusammenbruch zu verhindern – zum Großteil mit geliehenem Geld, ohne dass die Regierungen ernste Anstalten machen, die Staatsausgaben nachhaltig zu reduzieren und ihre Haushalte in Ordnung zu bringen.

Das Ausleihen von Geld und das Anhäufen weiterer Schulden verschleiert den wirtschaftlichen Abstieg, der längst begonnen hat. In den westlichen Ländern sind die Kühlschränke der meisten Menschen noch voll, aber der gesamtgesellschaftliche Lebensstandard bewegt sich schleichend nach unten. Dies ist die Folge einer langsamen, aber stetigen Verlagerung wirtschaftlichen Wachstums von Westen nach Osten. Wir müssen anerkennen, dass die Gesetze der Wirtschaft – ähnlich den Naturgesetzen – auf Dauer stärker sind als Regeln, die vom Menschen gemacht wurden. Es ist nur eine Frage der Zeit, bis der Lebensstandard in Ländern, die immer weniger exportieren und immer mehr importieren, real zu sinken beginnt. Auch deshalb wäre es wichtig, dass wir endlich unsere Lektionen aus der Krise 2008 lernen und umkehren – weg von einer Wirtschaft, die auf Finanztransaktionen und Spekulationen beruht, zurück zu einer Realwirtschaft, die auf Substanzwerten und der Produktion echter Güter beruht.

Griechenland liefert uns ein drastisches Beispiel, was passiert, wenn die wirtschaftliche Instabilität, die immer noch herrscht, nicht an der Wurzel bekämpft wird. Griechenland ist das erste europäische Land, das vor dem Bankrott steht, weil die Staatsausgaben jahrzehntelang zu hoch waren. Es wird Generationen dauern, bis sich das Land wieder erholen kann. Zu befürchten ist, dass noch andere europäische Länder ein Schicksal wie Griechenland erleiden werden.

Naturkatastrophen wie Waldbrände treten oft plötzlich auf, vernichten ganze Waldbestände, lassen aber die Möglichkeit für neues Wachstum. Naturkatastrophen lassen sich oft nicht verhindern. Anders wäre das bei Katastrophen, die durch den Menschen hervorgerufen werden. Im Zusammenhang mit der Wirtschaftskrise habe ich aber die Sorge, dass uns eine noch viel größere Katastrophe droht, wenn wir die Probleme, die zur letzten Krise geführt haben, nicht an der Wurzel packen, lösen und das hemmungslose Schuldenmachen nicht einstellen.

Die Ketten der Dominanz sprengen

Öfter schon habe ich an dieser Stelle über die Goldene Regel geschrieben, die die Menschheit seit jeher dominiert. Die gegenwärtigen Umbrüche in Teilen der Welt zeigen, dass es noch ein weiter Weg ist, um die Ketten der Dominanz zu sprengen.

Wer das Gold hat, macht die Regeln. Ich möchte das nicht. Ich will von niemandem dominiert werden, möchte aber gleichzeitig auch niemanden dominieren. Gleiches gilt für meine Kinder und Enkel – auch sie sollen von niemandem dominiert werden, dürfen aber auch nicht die Möglichkeit haben, andere zu dominieren.

Der größte Wunsch der Menschen ist es, in Freiheit leben zu können – individuell und wirtschaftlich. Aber können die gegenwärtigen wirtschaftlichen und politischen Systeme diesen Traum erfüllen? Selbst in den reichsten Ländern der Erde, auch in Österreich und anderen westlichen Industriestaaten, gibt es Armut, gibt es Menschen, die ohne Obdach und Einkommen leben müssen und auf staatliche

Hilfe angewiesen sind. Leider wird ihre Zahl immer größer. Die Qualität einer Gesellschaft kann nur an ihren bedürftigsten Mitgliedern gemessen werden. In den USA sind das die Menschen, die in Harlem oder den Slums von Los Angeles leben, nicht jene, die in Manhattan oder Beverly Hills wohnen. Freiheit alleine hat aber keinen Wert, vor allem nicht, wenn es darauf beschränkt ist, die Freiheit zu haben, arm und bedürftig zu sein.

Es gibt vielfältige Bedrohungen für die individuelle Freiheit. Für mich zählt auch die zunehmende Verstaatlichung und Kollektivierung zahlreicher Lebensbereiche dazu. Im Prinzip wird das Anspruchsdenken gegenüber dem Staat immer stärker, auch weil es von diesem durch den Aufbau zusätzlicher Bürokratie und neuer Institutionen gefördert wird. Das ist jedoch nicht die Schuld der Bürokraten oder der Politiker, sondern ein generelles Problem der Gesellschaft. Jeder von uns trägt einen Teil der Verantwortung dafür, dass staatliche Eingriffe mit ihren hemmenden Effekten auf individuelle Leistungsbereitschaft zunehmen. Im Prinzip haben wir es zugelassen, dass ein Bürokratie- und Verwaltungsapparat entstanden ist, der viele positive, produktive gesellschaftliche Kräfte drosselt. Damit limitieren wir unsere Fähigkeit, Wohlstand und Lebensstandard zu verbessern.

Natürlich gibt es für die Lösung dieser Probleme kein Patentrezept. Natürlich müssen wir den Hebel in vielen Bereichen ansetzen. Ein Weg, die Menschen bei der Erfüllung ihres Traumes nach persönlicher und wirtschaftlicher Freiheit zu unterstützen, ist das, was ich als Fair-Enterprise-System bezeichne. Die geltenden Menschenrechtsverfassungen alleine sind zu wenig, sie müssen durch Wirtschaftsrechtsverfassungen ergänzt und verstärkt werden. Letztere verbriefen das Recht von Arbeitern, Anteile an Kapital und Gewinnen erwerben und damit individuellen Wohlstand aufbauen zu können. Dies wäre fair, weil es zu einer breiteren Verteilung des Vermögens beitragen würde. Also nicht Arbeiter gegen Kapitalisten kämpfen lassen, sondern Arbeiter zu Kapitalisten machen.

Eine Gesellschaft von Eigentümern

Ich werde oft gefragt, wie es möglich war, aus einem Ein-Mann-Betrieb ein Unternehmen mit über 117 000 Mitarbeitern zu machen. Natürlich gehört ein bisschen Glück dazu. Aber viel wichtiger ist eine Firmenkultur, die Menschen auf positive Weise anspornt.

Die regelmäßigen Leser meiner Kolumne werden die wesentlichen Inhalte der Fair-Enterprise-Kultur, die ich in den von mir gegründeten Unternehmen eingeführt habe, kennen. Heute möchte ich einen Aspekt dieser Kultur hervorheben, der für die Zukunft eines Landes wie Österreich besonders wichtig ist. Ein Grundgedanke der Fair-Enterprise-Kultur ist es, dass eine Firma produktiver und profitabler ist, wenn Manager und Mitarbeiter nicht bloß Angestellte, sondern Miteigentümer sind. Kein anderes Element einer Firmenkultur fördert Stolz, Anreize und Leistungsbereitschaft so stark wie Miteigentum, also die Möglichkeit, einen Teil der Firma zu besitzen und an ihren Gewinnen direkt beteiligt zu sein. Es liegt auf der Hand: Mitarbeiter sind motivierter, wenn sie wissen, dass sie für ihren Einsatz nicht nur einen Lohn erhalten, sondern auch einen Anteil am Gewinn und einen Anteil am Unternehmen selbst. Dies ist der Kern der Fair-Enterprise-Kultur.

Was spricht dagegen, diese Idee nicht nur in Firmen, sondern in einem ganzen Land umzusetzen? Was wäre, wenn wir unsere Gesellschaft in eine Gesellschaft von Eigentümern verwandeln? Es ist beeindruckend, wie sich das Verhalten von Menschen verändert, wenn sie Eigentümer oder Miteigentümer einer Sache werden. Im Prinzip ändert sich die Mentalität, entsteht eine völlig neue Betrachtungsweise mit stärkerem Bezug zur Sache und höherem Maß an Identifikation.

Die meisten Leute machen sich zum Beispiel wenig Gedanken darüber, ob das Licht länger brennt oder das Wasser länger läuft, wenn sie ein Hotelzimmer verlassen. Genauso macht es einen Unterschied, ob man mietet oder im Eigenheim lebt. Wenn man eigenes Geld für den Bau eines Hauses oder den Kauf einer Wohnung aufwendet, kümmert man sich wesentlich besser um die Instandhaltung und Pflege.

Ich bin davon überzeugt, dass es gut für Österreich wäre, privates Eigentum und die damit verbundene Mentalität zu stärken. Man könnte beispielsweise Steueranreize für Firmen bieten, die ihre Mitarbeiter am Unternehmen und dessen Gewinnen direkt beteiligen. Dies würde nicht nur viele österreichische Arbeitnehmer zu Miteigentümern machen, sondern auch die Produktivität der Firmen steigern, weil das Interesse der Mitarbeiter am Ergebnis größer wäre. Gleichzeitig würden sich Mitarbeiter stärker für Effizienzsteigerungen, Verbesserungen und Innovationen einsetzen, weil ihnen sowohl ein Teil der Anlagen als auch des erzielten Gewinnes gehören würde. Außerdem ist es fair, jene am Gewinn zu beteiligen, die durch ihre Arbeit für dessen Entstehung verantwortlich sind. Eine Gesellschaft von Eigentümern wäre in jedem Fall ein geeigneter Weg, um ein stärkeres, stolzeres und produktiveres Land zu schaffen.

Bio-Landwirt aus Überzeugung

Mahatma Gandhi sagte: »Die Größe und den moralischen Fortschritt einer Nation kann man daran messen, wie sie die Tiere behandelt.«

Tiere sind den Menschen untergeordnet und wurden seit jeher als Nahrung für uns Menschen herangezogen. Die Tatsache, dass sie uns untergeordnet sind, legt uns aber dennoch die Pflicht auf, sie als Geschöpfe Gottes zu respektieren und keinesfalls grausam ihnen gegenüber zu sein.

Eigentlich esse ich sehr selten Fleisch, aber hin und wieder habe ich doch Gusto auf ein gutes Steak vom Grill. Als ich unlängst einem Freund erzählte, dass ich in biologisch-natürliche Rinderzucht investieren werde, fragte er: Wie kannst Du das tun? Wie kannst Du Tiere züchten, um sie dann zu töten? Das Gespräch mit meinem Freund fand beim Abendessen statt. Ich frage mich heute noch, was denn seine Vorstellung war, woher das Steak auf seinem Teller kam. Aber ich konnte ihn gut verstehen. Ich habe selbst lange mit mir gerungen, ob ich Fleisch essen soll. Letztlich habe ich für mich entschieden, hin und wieder Fleisch zu essen, aber nur von Tieren, die natürlich und artgerecht gehalten wurden.

Massentierhaltung ist grausam und unnatürlich, Tiere ertragen viel Leid, wenn sie auf so engem Raum zusammengepfercht sind.

Aus diesem Grund möchte ich gerne als gutes Beispiel vorangehen: Ich besitze relativ viel Farmland in Florida, und in den kommenden Jahren möchte ich dort Freilandrinder züchten, die völlig natürlich, mit viel Auslauf auf großen grünen Wiesen und mit frischem Wasser aufwachsen.

Ich bin davon überzeugt, dass Ernährung eine immer wichtigere Rolle in unserer Gesellschaft spielen wird. Immer mehr Menschen wollen sich bewusst ernähren, also mit Nahrungsmitteln ohne Hormone, Antibiotika, Pestizide oder anderen chemischen Zusätzen. Dabei geht es um einen Bewusstseinswandel in zweierlei Hinsicht: Einerseits haben Massenproduktion von Lebensmitteln und industrielle Tierhaltung negative Auswirkungen auf die Gesundheit, andererseits – und das ist mir wesentlich wichtiger – sind diese Produktionsmethoden schädlich für unsere Umwelt und grausam den Tieren gegenüber.

Im Grunde bin ich ein überzeugter Bio-Landwirt. Ich unterstütze strenge Tierschutzgesetze und fördere Forschungseinrichtungen, die sich mit nachhaltiger, biologischer Landwirtschaft befassen, wie etwa das Plant Science Center an der University of Florida, ganz in der Nähe meiner Rinderzucht.

Für mich ist natürliche, biologische Landwirtschaft und artgerechte Tierhaltung der Weg in die Zukunft. Daher freut es mich, dass ich schon bald zu jenen Landwirten gehören werde, die Nahrungsmittel erzeugen, die gesund, umweltgerecht und insbesondere tierfreundlich hergestellt worden sind.

Zurück zu meinen unternehmerischen Wurzeln

Immer wieder fragen mich Journalisten, wie ich mich nach meinem Rücktritt als Aufsichtsratschef von Magna fühle. Ich antwortete nur: »Rücktritt? Ich bin beschäftigter denn je.«

Mein unternehmerischer Antrieb ist immer noch so stark wie an jenem Tag, an dem ich meinen Ein-Mann-Betrieb eröffnet habe.

Ich habe immer noch Hunderte Ideen für Geschäftsmöglichkeiten, Produkte oder Dienstleistungen. In den kommenden Jahren möchte ich eine Reihe dieser Ideen verwirklichen. Und zwar ohne die Einschränkungen, die das Börsenrecht den Unternehmen auferlegt – also schneller, flexibler und mit deutlich weniger bürokratischen Hürden. Ich möchte also wieder Unternehmer im wahrsten Sinne des Wortes sein.

Und es gibt nichts, was mich daran hindert. Ich habe immer noch den Antrieb und die Begeisterung, ich verfüge über ausreichende Mittel. Und ich habe etwas, das mir bei meinem ersten Start im Jahr 1957 noch fehlte: Erfahrung. Ich bin heute sicher schlauer, weiser und empfänglicher für wichtige Entwicklungen, als ich dies vor 50 oder gar noch vor fünf Jahren war.

Unlängst bin ich in die Firma meines langjährigen Partners Manfred Gingl, dem früheren Magna-Chef, eingestiegen. Die Firma produziert unter der Marke BionX hochwertige Elektrofahrräder. Manfred, den jeder Fred nennt, war ein junger Werkzeugmacher, als ich ihn Mitte der 1960er-Jahre einstellte. Er absolvierte seine Lehrzeit im selben Betrieb in Weiz wie ich und erinnerte mich deshalb stark an mich selbst, als ich nach Kanada ging. Fred stieg bei Magna schnell und steil auf. Er war nicht nur ein guter Werkzeugmacher, sondern hatte einen exzellenten Blick für neue Geschäftsmöglichkeiten. Er übernahm zunächst die Verantwortung für die gesamte Metallgruppe von Magna und spielte in weiterer Folge eine zentrale Rolle in der Entwicklung neuer Produktfelder. Ich würde ihn als einen der wichtigsten Baumeister von Magna bezeichnen.

Seine derzeitige Firma expandiert momentan ihre Produktlinien und ich bin als Investor an Bord gegangen, weil ich überzeugt bin, dass die Elektromobilität eine große Zukunft haben wird – von Autos über Fahrräder bis hin zu Booten.

Auch in anderen Bereichen bleibe ich unternehmerisch aktiv. Etwa in gesellschaftlich so bedeutenden Sektoren wie Gesundheit und Pflege. Ich möchte eine Reihe von privaten Diagnosezentren aufbauen, die technisch auf dem neuesten Stand sind und auch im alternativmedizinischen Bereich forschen.

Wann werde ich leisertreten? Ich glaube, nicht so bald. Denn ich möchte eine Reihe neuer Produkte und Geschäftsfelder entwickeln.

Das Geld, welches ich über die Jahre verdient habe, soll nicht nur auf der Bank liegen. Ich möchte es arbeiten lassen, um neue Firmen und neue Arbeitsplätze zu schaffen. Für mich gibt es keine größere Befriedigung, als genau dies zu tun.

Werden wir zu weich?

Wenn wir einen kritischen Blick auf unser Bildungssystem, vor allem im höheren Bereich, werfen, müssen wir uns fragen, ob wir als Gesellschaft zu weich geworden sind. Bilden wir junge Menschen überhaupt noch zu selbständigen, produktiven Bürgern aus?

Das Bildungssystem hat sich in weiten Teilen von der realen Welt abgekoppelt und damit von seiner Aufgabe, jungen Menschen die Voraussetzungen zu geben, um selbständige, produktive Erwachsene zu werden. Immer mehr junge Leute wollen heute Investmentbanker, Filmproduzenten oder Ähnliches werden. Die logische Folge ist, dass immer weniger Menschen wissen, wie man Zement anrührt, Stahl schweißt oder ein Feld pflügt. In Wahrheit sollten wir aber mehr Menschen haben, die ihre Ärmel aufkrempeln und Dinge schaffen können. Ich gelange immer mehr zur Überzeugung, dass Letztere die langfristig besten Aussichten haben, ein gutes Einkommen zu erzielen und auf dem Arbeitsmarkt gefragt zu sein. Viele Schüler und Studenten lernen heute an staatlichen Bildungseinrichtungen, um diese dann, oft nach langen Jahren, mit Abschlüssen zu verlassen, für die es keinen praktischen Hintergrund und kaum Bedarf gibt. Nicht selten enden diese Absolventen in staatlichen Institutionen oder bürokratischen Einrichtungen, weil sie woanders nur schwer eingesetzt werden könnten. Damit schließt sich der Kreis: Je mehr man die Bürokratie füttert, desto größer wird sie.

Wäre es nicht klüger, junge Menschen zu animieren, in praktische Ausbildungsprogramme – völlig egal, ob es sich dabei nun um Computertechnik, Tischlerei oder Werkzeugmacherei handelt – zu gehen, anstatt jahrelang an Universitäten überholte Theorien zu studieren? Natürlich brauchen wir universitäre Ausbildung auf höchstem Niveau, um in Forschung und Wissenschaft global konkurrenzfähig zu sein. Für viele junge Leute wäre es aber besser, wenn sie sich zunächst einmal in verschiedenen Bereichen der Arbeitswelt die Hände schmutzig machen würden, um zu erkennen, welche Laufbahn sie letztlich einschlagen wollen und was ihnen wirklich Freude bereitet.

Ich weiß, dass es hart klingt: Aber manchmal muss man zunächst krank werden, um den Wert der Gesundheit zu erkennen. Möglicherweise nähern wir uns gesellschaftlich diesem Punkt. Und möglicherweise müssen wir bald erkennen, dass wir uns keinen Gefallen damit getan haben, unsere Gesellschaft für eine ständig größer werdende Anzahl von Menschen immer weicher und fürsorglicher zu machen. Das Anspruchsdenken, das daraus entstanden ist, gefährdet in zunehmendem Maße unseren wirtschaftliche Basis und Lebensgrundlage. Ein Phänomen, das für die gesamte westliche Welt zutrifft. Werden wir zu weich, schwächen wir selbst unsere Kraft, die gerade im globalen Wettbewerb notwendig ist, um unsere Produktivität und damit unseren Wohlstand zu verbessern.

Die wahren Kosten importierter Produkte

Viele Produkte in den Regalen unserer Kaufhäuser werden immer günstiger – weil sie aus Regionen stammen, in denen es niedrige Sozial- und Umweltstandards und praktisch keinen arbeitsrechtlichen Schutz gibt. Dies sollte uns zu denken geben.

Wir befinden uns in einem Wettbewerb mit ungleichen und unfairen Voraussetzungen. Dadurch laufen wir Gefahr, in unserer produzierenden Industrie immer mehr Arbeitsplätze zu verlieren. Dies ist aber nur zum Teil Resultat des harten globalen Wettbewerbs. Auf der anderen Seite müssen wir darauf achten, dass wir unsere Grenzen nicht bedingungslos für den Import von Produkten öffnen, die unsere eigene produzierende Industrie gefährden, weil sie unter Bedingungen hergestellt werden, die weit unter jenen Standards liegen, die bei uns Gültigkeit haben. Ich habe auf dieses Problem schon in früheren Kolumnen hingewiesen, insbesondere darauf, dass wir dadurch unseren eigenen Lebensstandard gefährden.

Die produzierende Industrie schafft immer noch mehr und besser bezahlte Arbeitsplätze als viele andere Sektoren der Wirtschaft. Überdies kreiert jeder Industriearbeitsplatz durch den Multiplikatoreffekt mehrere andere Arbeitsplätze in anderen Bereichen, sei es in der Grundstofferzeugung oder in Dienstleistungssektoren wie Transport, Logistik oder Werbung.

Wie können wir in diesem Bereich globale Fairness und eine Balance herstellen? Zum einen müssen die Regierungen industriepolitische Strategien entwickeln, die klare Ziele verfolgen und die globale Wettbewerbsfähigkeit des Landes stärken. Jedes Land muss seine wirtschaftlichen Stärken und Schwächen genau kennen und auf dieser Basis seine Schlüsselindustrien unterstützen, insbesondere jene, die ihre Produkte in alle Welt exportieren.

Zum anderen sollte es ein Steuersystem geben, dass Fairness und Gerechtigkeit im globalen Handel unterstützt. Es sollte Steuern auf Produkte geben, die aus Ländern importiert werden, in welchen ungleiche Voraussetzungen im Hinblick auf arbeitsrechtliche, umwelttechnische oder soziale Standards herrschen. Eine derartige Steuer würde es lokalen Herstellern ermöglichen, wettbewerbsfähig zu sein und in einem ausgeglichenen Umfeld zu konkurrieren.

Derartige Maßnahmen sind absolut notwendig, wenn wir unsere Kaufkraft und unseren Lebensstandard sichern wollen. Die Automobilindustrie, aus der ich komme, liefert ein gutes Beispiel dafür. In den kommenden Jahren werden wir immer günstigere Fahrzeuge aus Asien importieren. Aber wenn wir keine Maßnahmen treffen, um unsere Industrie und die damit verbundenen Arbeitsplätze zu schützen, werden wir schon bald zum Punkt gelangen, dass der Preis des Fahrzeuges keine Rolle mehr spielt, weil es immer weniger Menschen geben wird, die sich überhaupt noch ein Auto leisten können.

Gesundes Wachstum fördern

Was nicht wächst, das stirbt. Dies war immer einer meiner Leitsätze als Unternehmer.

In den von mir gegründeten Unternehmen ist gesundes Wachstum immer eines der obersten Ziele. Meist organisches Wachstum aus eigener Kraft, aber auch durch Zukäufe. Natürlich kommt es vor, dass das eine oder andere Werk in Schwierigkeiten gerät und Verluste macht. Da ich aber ein System eingeführt habe, in dem alle Werke als unabhängige Profit-Zentren geführt werden, läuten in so einem Fall sofort die Alarmglocken. Dann setzen wir unser gesamtes menschliches Potential für Management, Technik und Personalwesen ein, um dem Standort zu helfen, wieder auf einen gesunden Wachstumskurs zu kommen.

Es gibt verschiedene Gründe, weshalb ein Standort eines Unternehmens Verluste machen kann. Zu Beginn kann dies dadurch begründet sein, dass Anfangsinvestitionen zu tätigen sind und es Zeit braucht, bis der Betrieb läuft. Später können Gründe dafür auch schlechtes Management, technische Probleme oder größerer Konkurrenzdruck sein.

In manchen Fällen wäre es am leichtesten, verlustbringende Werke zu schließen. Aber das wäre völlig falsch. Wir haben nie sofort den Stecker gezogen, wenn ein Standort in Schwierigkeiten geraten war. Vielmehr habe ich eine Kultur etabliert, in der alle Magna-Standorte weltweit wie eine Familie betrachtet werden. Denn in einer Familie soll einer dem anderen helfen. Und man soll zueinander stehen, in guten und in schwierigen Zeiten. Oberstes Gebot war es immer, eine Lösung zu finden, durch die die Arbeitsplätze der Mitarbeiter erhalten werden können. Das erfordert Zeit und Geduld. Es schweißt aber auch zusammen. In vielen Fällen konnten wir Werken helfen, sie wieder stark machen und Hunderte Arbeitsplätze retten.

Natürlich gibt es Situationen, in welchen man als Unternehmer keine Wahl hat. Etwa wenn ein Werk Produkte erzeugt, die nicht mehr gebraucht werden, oder wenn Kunden ihre Werke schließen oder in andere Regionen verlagern. In solchen Fällen bemühen wir uns, unseren Mitarbeitern zumindest in anderen Werken einen Arbeitsplatz anzubieten.

Früher hat ein Manager umso mehr Geld verdient, je mehr Arbeitsplätze er geschaffen und je mehr Umsatz und Gewinn er gemacht hat. Heute gilt dies oft nicht mehr. Die höchsten Prämien werden in der Finanzwirtschaft bezahlt, wo Papiere hin und her geschoben und keine realen Produkte erzeugt werden. Diese Entwicklung müssen wir wieder umkehren. Wir sollten jene Unternehmer und Manager belohnen, die Arbeitsplätze schaffen oder in Schwierigkeiten geratene Unternehmen vernünftig sanieren. Dabei ist es manchmal notwendig, Arbeitsplätze abzubauen, um das Unternehmen schlanker zu machen und möglichst viele Arbeitsplätze zu erhalten, bevor das gesamte Unternehmen kippt. Am wichtigsten bleibt jedoch, das Unternehmen so zu strukturieren, dass gesundes Wachstum möglich ist. Nur so können wieder neue Arbeitsplätze entstehen.

Heimkehr

Sieben Jahre nach meiner Ankunft in Kanada kehrte ich erstmals in meine Heimat zurück. Seither hat mich meine Vergangenheit im positiven Sinne eingeholt.

Bis zu meinem ersten Heimatbesuch habe ich die üblichen Briefe an Familie und Freunde geschickt. Mehr war nicht möglich, da ich mit dem Aufbau meines Betriebes völlig eingespannt war – bis ich Heimweh verspürte und auch eine Pause brauchte.

Es war im Frühjahr 1961. Mein Betrieb umfasste inzwischen mehrere Fabriken und setzte knapp eine halbe Million Dollar um. Die Zeiten, in welchen ich praktisch rund um die Uhr arbeitete und sogar in der Fabrik schlief, waren glücklicherweise vorbei. Also konnte ich mir meinen ersten Urlaub gönnen und nach Hause fahren.

Ich verkaufte meinen gebrauchten 1955 Chevy und kaufte mein erstes neues Auto: einen schwarzen Pontiac Parisienne. Zwei Tonnen schwer, glitzerndes Chrom, eine eleganten Karosserie und Rücklichter, die den Wagen wie ein Raumschiff aussehen ließen. Mit ihm fuhr ich nach New York, ging an Bord der »S.S. United States« und überquerte – mit meinem Auto im Laderaum – den Atlantik. In Frankreich angekommen setzte ich mich sofort ins Auto, um eineinhalb Tage bis Weiz zu fahren. Um Mitternacht traf ich ein, klopfte bei meiner Mutter an die Tür und sagte nur: »Ich bin's.« Natürlich erkannte sie sofort meine Stimme und stieß einen Schrei vor Freude und Überraschung aus.

Am nächsten Tag trommelte ich ein paar Freunde zusammen. Wir fuhren mit dem Pontiac Parisienne durch die Gegend und amüsierten uns über die weit aufgerissenen Augen der Einheimischen, die diesem riesigen amerikanischen Straßenkreuzer voller Bewunderung nachschauten. Wir besuchten Wirtshäuser und Cafés und sprachen viel. Ich war sehr interessiert, was meine Freunde nun taten. Sie wollten natürlich alle Geschichten aus meinem Leben in der Neuen Welt hören.

So verlief also meine erste Heimkehr. Beim nächsten Mal, in den späten 1980er-Jahren, kam ich, um eine Magna-Fabrik in meiner Heimat zu eröffnen. Das erste Magna-Werk war Auteca in Weiz, in dem Autospiegelsysteme gefertigt werden. Mehrere Werke folgten. Heute arbeiten etwa 3000 Menschen in den Magna-Werken im Bezirk Weiz. Viele Magna-Manager kommen ebenfalls aus dieser Gegend. Durch das Schaffen von Arbeitsplätzen konnte ich daher der Region etwas von dem zurückgeben, was diese für Magna und mich persönlich getan hat.

Manchmal laufen die Dinge seltsam. Jahrzehnte, nachdem ich die Menschen und Orte meiner Heimat verlassen habe, holte mich meine Vergangenheit ein, indem sie zu einem wichtigen Teil der Gegenwart und Zukunft jenes Unternehmens wurde, welches ich in einem weit entfernten Teil der Erde gegründet habe.

Kapital schaffen und verteilen

Es gibt sehr viele Diskussionen zum Thema »Was ist Reichtum?«. Die Meinungen gehen weit auseinander.

Die zentralen Fragen bleiben. Wie können wohlhabende Menschen mehr zu einer ausgeglichenen, sozialökonomisch gerechten Gesellschaft beitragen? Wie kann man Kapital schaffen und was ist die gerechte Verteilung? Zunächst muss man verstehen, dass Naturgesetze stärker sind als von Menschen gemachte Gesetze. Eines der bedeutendsten Naturgesetze ist: Der Hauptgrund, warum Menschen morgens aufstehen ist, dass sie ein besseres Leben für sich und ihre Familien gestalten wollen. Menschen wollen also Kapital schaffen.

Kapital wird durch drei treibende Kräfte geschaffen: Arbeiter, Management und das Kapital selbst. Alle drei haben einen moralischen Anspruch auf den Profit, der durch sie erzielt wird. Investoren wollen für ihr Geld eine angemessene Verzinsung. Das Management bringt Wissen und unternehmerisches Denken ein und die Arbeiter tragen durch Einsatz und Engagement dazu bei, dass Gewinne entstehen.

Bei Magna habe ich eine Formel für die Verteilung der Gewinne in einer Unternehmensverfassung verankert. Dies stellt sicher, dass alle, die zum Gewinn beitragen, einen Anteil erhalten. Das schafft Anreize für Mitarbeiter, Management und Investoren und gleichzeitig eine Balance zwischen den Interessen.

Natürlich gibt es andere Modelle. Ich meine aber, dass das Magna-Modell gut zeigt, was ich zum Ausdruck bringen möchte. Ich habe hart gearbeitet, damit ich und meine Kinder ökonomisch frei sein können. Viele andere Firmengründer tun dies ebenfalls. Mit den richtigen Strukturen kann die ganze Gesellschaft davon profitieren.

Ich schlage vor, dass nur Geld, das einer Firma entnommen wird, versteuert werden soll, also Dividenden, Gehälter und Investitionen im Ausland. Bleibt das Geld in der Firma oder wird in Österreich investiert, soll es steuerfrei bleiben. Das schafft Anreize und Arbeitsplätze im Land. Eine höhere Besteuerung wohlhabender Menschen hätte nur einen geringen und kurzfristigen Effekt, zumal die meisten Unternehmer den Großteil des Kapitals im Unternehmen belassen und damit Arbeitsplätze und Investitionen ermöglichen. Man könnte aber über eine Erhöhung der Mehrwertsteuer nachdenken, dann würden Menschen, die ein teureres Auto oder teurere Kleidung kaufen möchten, automatisch mehr an Steuern zahlen.

Höhere Steuern auf Einkommen und Kapital würden wie eine Strafe für jene wirken, die Firmen aufbauen und erfolgreich machen. Es wäre besser, Strukturen und Anreize zu schaffen, damit mehr Menschen den Mut haben, ihre Ideen zu verwirklichen. Haben Menschen das Gefühl, nur mehr für den Staat zu arbeiten, werden Leistungsgedanke und Produktivität erdrosselt. Eine Gesellschaft, die ihre Bürger in Kreativität, Ingenuität und Produktivität begrenzt, ist eine sterbende Gesellschaft.

Wir sollten versuchen, Verwaltungskosten zu senken. Die Verwaltung produziert nichts und wendet oft sogar Energie dafür auf, Projekte zu verhindern, anstatt bei deren Umsetzung zu helfen. Statt Energie für Ideen aufzuwenden, wie wir Kapital besteuern können, sollten wir die Energie dafür einsetzen, wie wir Kapital schaffen und gerecht verteilen können.

Demokratie am Arbeitsplatz

Mitarbeiter wissen selbst am besten, was am Arbeitsplatz gut für sie ist und wie Dinge funktionieren sollten. Man muss ihnen jedoch Möglichkeiten geben, dies zum Ausdruck zu bringen.

In meinen Anfangsjahren als Unternehmer habe ich mich oft mit meinen Mitarbeitern hingesetzt und sie nach Ideen und Vorschlägen gefragt, was wir verbessern können. Ich habe sichergestellt, dass sie eine Mitsprachemöglichkeit haben. Jeder Manager muss seine Mitarbeiter anhören, muss wissen, was sie denken und fühlen. Denn Mitarbeiter sind sehr klug. Sie wissen genau, was gut, richtig und fair ist. Eine der wichtigsten Voraussetzungen für Fairness und Erfolg im Betrieb ist es, den Mitarbeitern eine starke Stimme zu geben.

Schon aus diesem Grund habe ich in meinen Unternehmen immer ein Umfeld geschaffen, in dem Mitarbeiter ihre Sorgen und Bedenken frei und ohne Furcht vor negativen Konsequenzen äußern konnten. Keine Firma ist perfekt. Daher muss man den Mitarbeitern die Möglichkeit geben, Fehler und Probleme offen aufzuzeigen, um diese erkennen und beheben zu können.

Schon in den 1990er-Jahren habe ich bei Magna sogenannte Fairness-Komitees eingeführt, die von den Mitarbeitern gewählt werden und zur Lösung von Problemen oder Streitfällen innerhalb eines Werkes beitragen. Einige Jahre später habe ich an vielen Standorten das Instrument der geheimen Abstimmung hinzugefügt. Dadurch bekamen die Mitarbeiter die Möglichkeit, über wichtige Fragen, die die gesamte Fabrik betreffen, abzustimmen und zu entscheiden. Zuletzt wurden in Nordamerika noch sogenannte Mitarbeiteranwälte eingerichtet. Diese müssen sicherstellen, dass Anliegen und Beschwerden von Mitarbeitern schnell und im Einklang mit den Unternehmensprinzipien bearbeitet und die Ursachen dafür nach Möglichkeit auch behoben werden. Die Mitarbeiteranwälte können nur von den Mitarbeitern selbst durch eine geheime Abstimmung abgelöst werden.

Manager haben es nicht leicht. Einerseits sitzen ihnen die Kunden im Nacken, die um Preise und Konditionen feilschen. Andererseits haben sie eine Verantwortung gegenüber Investoren und Aktionären, die eine Maximierung der Gewinne verlangen. Dennoch sollten Manager immer daran denken, dass ihre erste Verpflichtung jene gegenüber den Mitarbeitern ist. Aktionäre und Investoren kommen und gehen, die Mitarbeiter sind jedoch immer da. Gibt man ihnen die Möglichkeit zur Mitsprache, lässt man sie durch Demokratie am Arbeitsplatz mitbestimmen, ist es wesentlich einfacher, ein besseres Produkt zum besseren Preis herzustellen und damit die Erwartungen von Kunden, Investoren und Aktionären zu erfüllen.

China, Russland, USA – eine Geschichte dreier Länder

Eine der harten Wahrheiten, die uns die Geschichte lehrt, ist der Aufstieg und Fall von Gesellschaften. Die Welt steht niemals still und Gesellschaften – egal, wie groß, mächtig oder entwickelt – unterliegen diesem permanenten Wandel.

Wir erleben gerade, wie sich verschiedene wirtschaftliche Supermächte einen globalen Wettkampf um die Vormachtstellung in einer sich ständig verändernden Welt liefern. China, Russland und die USA sind dabei – auch politisch und historisch gesehen – die bedeutendsten Spieler.

China ist der jüngste dieser ökonomischen Giganten. Bei uns gibt es schon viele Geschäfte, in deren Regalen die meisten Produkte aus China stammen oder zumindest Teile enthalten, die in China hergestellt wurden. Ich meine, dass jedes Unternehmen einen Teil seiner Produktionsstätten in jenen Märkten betreiben sollte, in welchen die Produkte verkauft werden. Im Fall von China ist es aber so, dass viele westliche Unternehmen nur deshalb in China produzieren, weil sie die Produkte billiger herstellen und bei uns dann mit größerem Gewinn verkaufen können. Langfristig ist dies der sichere Weg zum wirtschaftlichen Abstieg. China hingegen profitiert von dieser Entwicklung, die Wirtschaft wächst, Arbeitsplätze entstehen. Die große Frage aber bleibt, wie China mit den größer werdenden Wünschen und Sehnsüchten der Menschen nach individueller Freiheit und höherem Lebensstandard in Zukunft umgehen wird.

Unter den wirtschaftlichen Supermächten ist Russland jene, die uns am nächsten ist – geographisch, aber auch hinsichtlich Kultur und Mentalität. Russland ist für uns ein natürlicher Handelspartner. Vor fünf Jahren habe ich einen der höchsten Politiker Russlands getroffen. Ich sagte zu ihm: »Euer Land ist gesegnet mit Bodenschätzen. Wenn man diese exportiert, bringt das Geld, schafft aber keinen breiten Wohlstand. Rohstoffexporte schaffen keine Arbeitsplätze. Nur durch eine moderne Industriestruktur entstehen Arbeitsplätze, was wiederum die Voraussetzung für die Entstehung einer breiten Mittelschicht ist, die das Rückgrat einer Demokratie bildet.« Die Regierung fördert momentan die Ansiedelung von Produktionsbetrieben, Magna unterstützt diesen Prozess und hat schon fünf Fabriken in Russland, in denen rund 1300 Menschen arbeiten.

Während sich China und Russland auf einem wirtschaftlichen Wachstumspfad befinden, kämpfen die USA mit einer bedrohlichen Staatsverschuldung, einer schwachen Wirtschaft und hohen Arbeitslosenzahlen. Ungeachtet dessen bleiben die USA das freieste Land der Welt mit dem niedrigsten Staatsanteil. Und die Amerikaner zeichnen sich durch eine »Wir können es«-Mentalität und lange Tradition in Unternehmertum und Innovation aus. Aus all diesen Gründen bin ich davon überzeugt, dass die USA einen Weg aus der momentanen Misere finden und zu den dominierenden wirtschaftlichen Kräften der Zukunft zählen werden.

Die Kernaufgaben des Staates

In einer zivilisierten Gesellschaft soll niemand Hunger leiden, obdachlos oder ohne medizinische Versorgung sein. Die Erfüllung dieser Minimalstandards zählt zu den Kernaufgaben des Staates. Darauf soll sich der Staat konzentrieren.

Wir haben uns vom Prinzip, dass sich der Staat auf wenige Kernaufgaben konzentrieren, diese aber perfekt erfüllen soll, längst weit entfernt. Viele Menschen haben eine Mentalität entwickelt, wonach der Staat für alles verantwortlich sein soll, unabhängig davon, ob Menschen in bestimmten Situationen für sich selbst sorgen können oder ob wir uns die staatlichen Leistungen überhaupt leisten können. Es scheint, als hätten wir vergessen, dass uns der Staat nichts geben kann, was er uns Bürgern zuvor nicht genommen hat – wobei ein Teil des eingenommenen Geldes in Verwaltung und Bürokratie versickert.

Die Menschen werden geprägt vom System, in dem sie leben und arbeiten. Je mehr dieses System ein Anspruchsdenken gegenüber dem Staat fördert, desto weniger Anreize bestehen, produktiv zu sein, unternehmerisch zu handeln und somit beizutragen, Wohlstand zu schaffen. Gerade die aktuellen staatlichen Finanzkrisen zeigen uns aber drastisch auf, dass sich die überdimensionierten staatlichen Leistungen ihrem Ende zuneigen, da sie längst nicht mehr finanzierbar sind.

Ich hoffe, dass die staatlichen Finanzkrisen zumindest eine positive Auswirkung haben werden, nämlich, dass die Regierungen sich wieder auf die Kernaufgaben des Staates konzentrieren und Rahmenbedingungen schaffen, die Menschen und Unternehmen in ihrem Bestreben unterstützen, erfolgreich zu sein. Wir dürfen Menschen in ihren Chancen, Möglichkeiten und Bestrebungen nicht beschneiden.

Von erfolgreichen Menschen und Unternehmen profitiert die Gesellschaft als Ganzes. Mit einem gewissen Wohlstand kommt auch die soziale Verpflichtung, bedürftige Menschen zu unterstützen. Menschen aus der Armut zu helfen ist eine unserer wichtigsten Aufgaben. Wir dürfen aber nicht vergessen, dass man anderen erst dann helfen und etwas vom Wohlstand verteilen kann, nachdem man Wohlstand geschaffen hat.

Daher dürfen wir jene nicht beschränken, die Spitzenleistungen erbringen – sei es in der Wirtschaft, in der Wissenschaft oder in der Kunst. Diese Menschen können wertvolle gesellschaftliche Beiträge leisten, da beruflicher Erfolg meistens auch zu finanziellem Erfolg führt. Jenen, die etwas erreichen wollen, dürfen keine Hürden in den Weg gelegt werden. Wir dürfen nie vergessen, dass eine Gesellschaft, die Menschen in ihrer Produktivität, Kreativität und Ingenuität hemmt, eine sterbende Gesellschaft ist.

Wettbewerb und Wandel

Wettbewerb, Weiterentwicklung und Wandel gehen Hand in Hand. Oft führen sie zu massiven Veränderungen in der Wirtschaft und auch in der Gesellschaft.

Als ich in den frühen 1970er-Jahren zum ersten Mal geschäftlich nach Japan reiste, war das Land gerade dabei, sich zu einer Weltmacht in der globalen Automobilindustrie zu entwickeln. Ich fuhr mit dem Zug und bemerkte viele neue Fabriken in der Landschaft. Man erklärte mir, dass dort, wo all diese neuen Gebäude standen, früher einmal Seidenraupenfarmen waren. Aufgrund der Entwicklung der synthetischen Seide konnten die Farmen nicht mehr konkurrenzfähig sein, weshalb man auf den technischen Fortschritt setzte und moderne Fabriken für synthetische Seide errichtete. Ein beeindruckendes Beispiel für Wandel und die erfolgreiche Anpassung an neue Gegebenheiten.

Unternehmen, aber auch Staaten müssen sich permanent an sich verändernde wirtschaftliche Rahmenbedingungen anpassen, unabhängig davon, ob diese durch Innovationen, technologischen Fortschritt, Globalisierung oder die Öffnung von Grenzen und Märkten verursacht werden. Große Veränderungen breiten sich aus wie Schockwellen eines Erdbebens, treffen oft mehrere, teils unterschiedliche Wirtschaftszweige gleichzeitig und können sogar die Gesellschaft massiv verändern. Will man langfristig bestehen, muss man flexibel und wettbewerbsfähig sein.

Wettbewerb ist in den von mir gegründeten Unternehmen ein tief verankertes Prinzip. Bei Magna habe ich eine Struktur eingeführt, in der die einzelnen Standorte so dezentral und unabhängig sind, dass sie manchmal sogar gegeneinander konkurrieren. Mir fällt ein Beispiel aus den 1990er-Jahren ein. Eines unserer Werke produzierte LKW-Trittbretter aus Metall. Ein anderes unserer Werke begann zu experimentieren und entwickelte Trittbretter aus Kunststoff, die leichter, günstiger und sogar fester waren. Damit schnappte dieses Werk dem anderen Werk den Lieferauftrag weg. Mir war dies recht, weil es einerseits zeigt, dass man durch Innovation und Verbesserung seine Wettbewerbsfähigkeit steigern kann. Andererseits war es mir natürlich lieber, dass ein Auftrag von einem Magna-Werk zum anderen wandert und nicht zu einem Konkurrenten.

Entwicklung und Wandel sind in der Wirtschaft notwendig, unvermeidlich und oft unbarmherzig. Es wird auch weiterhin so sein, dass ganze Produktbereiche und Industriezweige aussterben und durch andere, neue ersetzt werden. Für Unternehmen und Staaten bleibt nur die Wahl: Entweder man entwickelt sich weiter und ist wandlungsfähig, oder man bleibt auf der Strecke.

Staatsschulden zerstören Wirtschaft und Wohlstand

Die Schuldenberge, die wir angehäuft haben, sind wie eine schleichende Krankheit, die unsere Wirtschaft und Währungen schwächt und unseren Lebensstandard zerstört – und die sich besonders heimtückisch entwickelt.

Die Entwicklung verläuft schmerzlos und unsichtbar. Werden die Probleme bemerkt, ist es oft schon zu spät, um einen Heilungsprozess einzuleiten. Die Schuldenlast steigt, bis der Punkt erreicht ist, an dem die Länder nicht einmal die Zinsen dafür bezahlen können. In Wahrheit steht ein Land in dieser Situation vor dem Bankrott.

Über Jahrzehnte haben vor allem die Länder der westlichen Welt viel mehr ausgegeben, als sie eingenommen haben und riesige Schuldenberge angehäuft. Verhalten sich Firmen oder Privatpersonen so, wären sie längst in Konkurs. Länder hingegen können dies lange hinauszögern, indem sie Geld drucken, um neue Schulden zu machen. Dies geschieht gerade in den USA. Doch auch Staaten können Bankrott gehen, Argentinien hat dies vor einem Jahrzehnt bewiesen, mit dem Resultat, dass Wohlstand und Ersparnisse von Millionen Bürgern dezimiert wurden. Der Unterschied zum privaten Konkurs von Firmen oder Bürgern ist, dass ein Staatsbankrott nicht begrenzt ist, sondern alle Bürger und Firmen betrifft und weitreichende, teilweise irreparable Schäden anrichtet.

Als Unternehmer habe ich immer betont, dass es keine schlechten Arbeiter gibt, nur schlechte Manager. Dieses Prinzip gilt auch für Staaten: Erleiden Länder einen finanziellen Kollaps, ist das nicht die Schuld der Bürger und Steuerzahler, sondern der Verantwortlichen, die immer nur Lösungen suchen, die kurzfristigen politischen Erfolg versprechen – anstatt an das langfristige Wohl des Landes zu denken.

Ich bin davon überzeugt, dass dem Durchschnittsbürger längst nicht die ganze Wahrheit darüber gesagt wird, was die Konsequenzen der Staatsschuldenkrisen sind. Die Tatsache, dass unser Wohlstand, unsere Vermögenswerte, aber auch die Möglichkeiten für staatliche Unterstützungsprogramme schrittweise vernichtet werden, wird selten offen ausgesprochen. Die Reichen werden am wenigsten betroffen sein. Sie haben am meisten Möglichkeiten, um ihr Vermögen in Sicherheit zu bringen. Die Ärmsten werden noch ärmer, werden immer weniger staatliche Unterstützung erhalten. Am schlimmsten treffen wird es den Mittelstand. Das sind auch jene Menschen, die am meisten zu verlieren haben, sei es durch Verluste in ihrer Pensionsvorsorge oder höhere Steuerbelastungen. Diese Menschen werden auch die stärksten Einbußen in der Kaufkraft hinnehmen müssen, was eine unmittelbare Folge der Staatsverschuldung und der damit verbundenen Abwertung der Währung ist.

Noch haben wir die Chance, die Tragödie abzuwenden. Aber wir müssen Maßnahmen ergreifen – und zwar schnell und konsequent. Über mögliche Maßnahmen, die meiner Meinung nach geeignet wären, werde ich demnächst an dieser Stelle sprechen.

Schulden abbauen

Die Gefahren für Staat, Wirtschaft und Wohlstand durch die riesigen Schuldenberge der Länder zeige ich immer wieder auf. Abwenden kann man diese nur durch konsequente, wirksame Maßnahmen. Einige möchte ich heute ansprechen.

Es ist klar, dass wir bei der Bekämpfung der wachsenden Staatsverschuldung nicht von heute auf morgen alles auf null stellen und radikal vorgehen dürfen. Dies könnte das gesamte System lahmlegen, noch größere Probleme wären die Folge. Dennoch dürfen wir keine Zeit verlieren und müssen konsequent vorgehen. Und vor allem müssen wir die Ursachen beseitigen, nicht nur die Symptome.

Oberste Priorität hat aus meiner Sicht die Ankurbelung der Wirtschaft, etwa durch ein neues Steuersystem. Wirtschaftswachstum erzeugt Arbeitsplätze. Je mehr Menschen Arbeit haben, desto weniger Geld müssen wir für Sozialausgaben, einen der größten Blöcke staatlicher Ausgaben, aufwenden. Ein Steuersystem muss einfach und transparent sein. Für Geld, das einer Firma für Gewinnentnahmen, Dividenden oder Gehälter entnommen wird, sollte es Einheitssteuern (Flat Tax) geben. Jener Teil der Gewinne, der in Österreich investiert wird, soll steuerfrei sein. Damit schafft man Anreize für Investitionen im Land, was zu neuen Arbeitsplätzen führt, und erhöht die internationale Wettbewerbsfähigkeit des Standortes Österreich. Firmen, die Mitarbeiter mit mindestens zehn Prozent am Gewinn beteiligen, sollen eine niedrigere Flat Tax bezahlen. Dies wäre fair. Mitarbeiter haben einen moralischen Anspruch auf einen Teil der Gewinne. Und es wäre motivierend. Denn die Wirtschaft wird von drei Kräften getrieben: klugen Managern, Investoren und fleißigen, motivierten Mitarbeitern. Erfolgreich kann man nur sein, wenn eine stabile Balance zwischen den Interessen dieser drei Kräfte besteht.

Die zweite, dringend notwendige Maßnahme ist die Reduktion der Verwaltung. Dies muss zivilisiert erfolgen, denn es ist nicht die Schuld der Beamten, dass unsere Verwaltung aufgebläht und teuer ist. Wir alle sind dafür verantwortlich, haben diese Entwicklung in der Vergangenheit zugelassen. Es führt jedoch kein Weg daran vorbei. Je früher wir beginnen, desto systematischer können wir vorgehen. Wir dürfen nicht warten, bis finanzieller Kollaps und Unfinanzierbarkeit eintreten.

Das Ziel sollte sein, die Bürokratie innerhalb von fünf Jahren um 50 Prozent zu reduzieren, in jährlichen Schritten von zehn Prozent. Wenn ich mir die Dimensionen ansehe, die die Bürokratie in vielen Bereichen erreicht hat, halte ich das zwar für ein ambitioniertes, aber realistisches Ziel. Wichtig ist, wie zuvor betont, dass dies auf zivilisierte Weise und mit fairen Lösungen für die betroffenen Beamten erfolgt, etwa durch stufenweise Gehaltsreduktionen bis zur Pensionierung und Bonuszahlungen für jene, die außerhalb des Verwaltungsbereich eine Arbeit finden.

Ich weiß, dass noch zahlreiche weitere Maßnahmen notwendig sind, um die Staatsfinanzen wieder auf ein solides Niveau zu bringen. In jedem Fall muss dem Problem von beiden Seiten begegnet werden: höhere Einnahmen, durch wachsende Wirtschaft und mehr Arbeitsplätze und nicht durch höhere Steuern – und Senkung der Ausgaben durch massive Reformen und nicht bloß kosmetische Korrekturen.

Politikverdrossenheit oder Politikerverdrossenheit

Ich diskutiere sehr oft mit Menschen über Politik. Die einhellige Meinung war, dass die Politikverdrossenheit immer größer werde. Dies sollte nicht sein, dagegen müssen wir im Interesse der Demokratie auftreten.

Wir wollen mehr Demokratie wagen.« Diesen berühmten Ausspruch des ehemaligen deutschen Bundeskanzlers Willy Brandt unterstütze ich vollinhaltlich, wenngleich es eigentlich bedenklich stimmt, dass mehr Demokratie ein Wagnis sein könnte. Mehr Demokratie muss eine Selbstverständlichkeit sein.

Es darf uns nicht wundern, dass der Begriff des »Wutbürgers« Einzug in unsere politischen Diskussionen gehalten hat. Aber es muss uns zu denken geben, denn dies ist keine gute Entwicklung für ein Land und eine stabile Demokratie.

Im Prinzip ist es zu einer Entmachtung der Bürger gekommen. Denken wir an unser Wahlsystem mit Parteilisten, auf deren Gestaltung die Wähler keinen Einfluss haben. Die Listen werden von einigen Personen in den Parteien und nach Absprache mit Interessengruppen erstellt. Wer sich nicht konform verhält, hat keine Chance auf einen vorderen Listenplatz. Abgesehen davon befinden sich auf den Listen oft Parteisekretäre, bei welchen sich die Parteien die Gehälter dadurch ersparen wollen, dass diese mit politischen Mandaten versorgt werden. Von einem Querschnitt durch die Gesellschaft kann keine Rede sein. Zusammengefasst: Wenige haben das Sagen – und die Bürger wollen sie gar nicht dabeihaben.

Es sollte Vorwahlen in den Wahlkreisen geben, damit die Bürger Gelegenheit haben, ihre Abgeordneten direkt zu bestimmen. Ich kenne verschiedenste Systeme, beispielsweise auch aus Kanada, wo dies hervorragend funktioniert. Die Bürger sollen entscheiden, wer ihren Bezirk im Parlament vertritt, nicht taktische Überlegungen der Parteien. Es müsste auch festgelegt werden, dass die Abgeordneten im Bezirk, den sie vertreten, tatsächlich wohnen und arbeiten. Dadurch würde man Verantwortung und Rechenschaft gegenüber den Wählern enger koppeln.

Braucht ein kleines Land wie Österreich 183 Nationalratsabgeordnete und 62 Bundesräte, um nur auf der parlamentarischen Ebene zu bleiben? Wir müssen sparen, auch in der Politik Unkosten reduzieren. Ich meine, dass eine Reduktion auf 100 Nationalratsabgeordnete möglich wäre, ohne die Qualität der parlamentarischen Arbeit oder der demokratischen Vertretung zu beeinträchtigen. Den Bundesrat könnte man durch eine Bürgervertretung, die ich an dieser Stelle schon mehrfach erläutert habe, ersetzen.

Ich glaube, dass viele Bürger diesen Vorschlag befürworten – und ich bin mir sicher, dass er keine Zustimmung bei den Parteien finden wird. Denn er würde bedeuten, Macht abzugeben. Er wäre aber ein erster Schritt der Politik, das Vertrauen der Bürger zurückzugewinnen. Das ist höchst notwendig.

Staatliche Ausgaben beschränken

Wenn eine Firma mehr Geld ausgibt, als sie einnimmt, ist es nur eine Frage der Zeit, bis sie in Konkurs geht. Es ist Aufgabe des Managements, die Firma gut zu führen. Gleiches gilt für private Haushalte und den Staatshaushalt.

W enn Staaten immer tiefer in einer Schuldenkrise versinken, liegt dies praktisch immer in der Verantwortung von Politikern, die auf schnelle und einfache Lösungen aus sind. Oder, mit anderen Worten: Politiker entscheiden oft auf Basis kurzfristiger parteipolitischer Überlegungen, anstatt das langfristige Interesse des Staates im Auge zu haben.

Mit den Auswirkungen dieses Verhaltens haben wir momentan in zahlreichen Ländern in Europa und Nordamerika zu kämpfen. Über Jahrzehnte haben die Regierungen wesentlich mehr Geld ausgegeben als eingenommen. Damit wurden enorme staatliche Schuldenberge angehäuft. Ein Hauptgrund dafür ist das, was ich als Achillesferse der Demokratie bezeichne: Eines der obersten Ziele eines Politikers besteht darin, gewählt und wiedergewählt zu werden. Das bedeutet auch, dass Ausgaben nicht auf Basis wirtschaftlicher Überlegungen getätigt werden, sondern um möglichst viele Wähler oder Interessengruppen zu befriedigen. Dass dies auf Dauer nicht funktionieren kann, ist klar.

Ich bin davon überzeugt, dass die meisten Politiker wissen, dass die Staatsausgaben längst außer Kontrolle geraten sind. Dennoch fehlt ihnen der Mut, dies zu ändern, weil dies gleichbedeutend mit einem Verzicht auf Macht und Einfluss wäre. Im Prinzip wollen sie den Tag der Abrechnung so lange wie möglich hinausschieben.

Meiner Meinung nach sollte es gesetzliche Bestimmungen geben, dass Regierungen nicht mehr Geld ausgeben dürfen, als sie durch Steuern und andere Einnahmequellen einnehmen. Ein derartiges Gesetz könnte nicht einfach gekippt werden und würde Politiker zur Verantwortung ziehen.

Überdies wäre es an der Zeit, dass Regierungen konkrete Pläne für die Rückzahlung staatlicher Schulden entwickeln. Nach einem ausgeglichenen Staatshaushalt zu streben, ist zu wenig. Die Regierungen müssen Konzepte für Budgetüberschüsse entwickeln, um aktiv mit

dem Schuldenabbau zu beginnen, mindestens in einer Größenordnung von fünf Prozent pro Jahr.

Wir müssen uns im Klaren sein, dass es nur zwei Alternative gibt.
Entweder wir beginnen damit, unsere angehäuften staatlichen Schulden zurückzuzahlen, oder wir nehmen in Kauf, dass wir die Zukunft
unserer Kinder und Enkelkinder gefährden. Ich meine, dass wir uns
in jedem Falle für die erste Variante entscheiden und den Druck auf
die Politiker erhöhen müssen.

Eigenverantwortung für uns Bürger

*Manchmal kann man Politiker mit Eltern vergleichen, die ihren Kin-
dern jeden Wunsch erfüllen, selbst wenn dies nicht vernünftig ist.*

Auch wenn dieser Vergleich oft zutreffend sein mag, dürfen wir
nicht die gesamte Verantwortung für Fehler im öffentlichen
Haushalt den Politikern zuschieben. Letztlich waren wir es, die sie gewählt haben.

Es ist verständlich, dass Politiker öffentliche Ausgaben auch deshalb tätigen oder neue staatliche Programme starten, um Wählern zu
gefallen. Es liegt aber in der Verantwortung von uns Wählern, politische Versprechen abzulehnen, die nicht im langfristigen Interesse des
Landes liegen. Denn wir alle müssen uns im Klaren sein, dass uns öffentliche Ausgaben auf Basis von Krediten Geld kosten – eines Tages
müssen wir oder unsere Kinder und Enkelkinder dies durch höhere
Steuern und Sparmaßnahmen, oft im Gesundheits- und Bildungswesen, zurückzahlen.

Die Entwicklungen in Europa hinsichtlich zunehmender Staatsverschuldung haben dazu geführt, dass zahlreiche Investoren in Anlagen
in Schweizer Franken geflüchtet sind. Vernünftiges Finanzmanagement war immer schon ein Markenzeichen der Schweiz und zählt zu
den Gründen, weshalb das Bankensystem des Landes und seine Währung zu den solidesten der Welt zählen. Zwar weist auch die Schweiz
heuer ein Budgetdefizit aus – sie konnte aber in den letzten vier Jahren Budgetüberschüsse verzeichnen, selbst in den Jahren der weltwei-

ten Finanzkrise. Im kommenden Jahr wird der Schweiz schon wieder ein Überschuss bei den staatlichen Finanzen prognostiziert.

Ein Grund für das gute Finanzmanagement der Schweiz besteht darin, dass die Wähler hinsichtlich staatlicher Ausgaben in einigen Bereichen auf die Bremse gestiegen sind. Es gibt Regelungen, nach welchen die Regierung bei der Budgeterstellung Maßnahmen treffen muss, um die nachhaltige finanzielle Stabilität des Landes zu gewährleisten. Die Schweizer Wähler haben Bürgerinitiativen unterstützt, die auf eine Reduktion staatlicher Ausgaben abzielen.

In diesem Sinne kann die Schweiz ein Vorbild für andere Länder sein. Wie ich schon öfter betont habe, brauchen wir Mechanismen, die verhindern, dass Staaten mehr Geld ausgeben als sie einnehmen. Dazu ist es notwendig, dass wir uns als Bürger aktiver an den demokratischen Entscheidungsprozessen beteiligen. Wir müssen uns unserer Eigenverantwortung bewusst sein und verstehen, dass wir Politikern keinen Freibrief für Wirtschaftspolitik und großzügige staatliche Ausgabenprogramme auf Basis von Schulden geben dürfen. Wir sollten alle darüber sprechen, mit Freunden und Nachbarn diskutieren, denn wir müssen verstehen, dass es so nicht weitergehen kann.

Ein Modell habe ich ja bereits vorgestellt, nämlich die Einführung einer echten Bürgervertretung als Ergänzung zum klassischen parlamentarischen System.

Es geht um eine Entpolitisierung der wichtigen Entscheidungen und eine Aufwertung des Einflusses von »normalen« Bürgern. Ich bin überzeugt, dass dies zur Lösung vieler Probleme beitragen könnte.

Unternehmer fördern

Wir dürfen Menschen nicht behindern, die bereit sind, unternehmerisches Risiko einzugehen. Sie sind es, die für neue Betriebe und Arbeitsplätze sorgen.

In meiner unternehmerischen Laufbahn habe ich sehr hart gearbeitet und viel Zeit und Geld investiert, um meinen Betrieb aufzubauen.

Ich habe dies aber aus Überzeugung getan, um meine Firma erfolgreich zu machen und wirtschaftlich unabhängig zu sein.

Wir müssen ein System entwickeln, welches Unternehmertum fördert. Konkret geht es darum, Rahmenbedingungen zu schaffen, die für Menschen einen Anreiz bilden, Unternehmen zu gründen. Tun wir dies nicht, dürfen wir uns nicht wundern, dass es immer weniger Personen gibt, die ihr Kapital zur Gründung eines Unternehmens einsetzen und viel persönliche Zeit aufwenden, um einen Betrieb von Grund auf aufzubauen. Wir brauchen vor allem ein Steuersystem, welches Wirtschaftswachstum fördert und Anreize für Unternehmensgründungen schafft.

Wir brauchen Menschen, die bereit sind, etwas zu riskieren, die neue Produkte und Dienstleistungen entwickeln, die an ihre physischen und psychischen Grenzen gehen – und die damit auch zum gesellschaftlichen Fortschritt und zur Verbesserung unseres Lebensstandards beitragen.

Genau diese Art von Unternehmertum müssen wir fördern. Die Industrie, in der ich die meiste Zeit meines Lebens gearbeitet habe, bildet ein gutes Beispiel. Warum sollte jemand Geld investieren, um eine Fabrik zu bauen, Maschinen zu kaufen und Arbeiter anzustellen, wenn er mit dem Kauf von Anleihen mehr Geld verdienen könnte?

Am Arbeitsplatz sieht es ähnlich aus. Wenn Mitarbeiter hart arbeiten und wesentliche Beiträge zum Geschäftserfolg leisten, erwarten sie eine bessere Bezahlung. Das ist menschlich. Niemand wird um weniger Geld härter arbeiten. Und niemand wird das Risiko eingehen, ein eigenes Unternehmen zu gründen, wenn die Perspektiven nicht stimmen.

Ich bin Menschen gegenüber skeptisch, die sagen, dass Geld für sie keine Rolle spielt. Geld ist zweifelsohne ein starker Antrieb, auch wenn es letztlich nur ein Mittel darstellt, um andere Dinge zu verwirklichen. Geld darf aber niemals das einzige Ziel darstellen. Sobald dies der Fall ist, sobald man alle Aktivitäten nur auf Geld ausrichtet, kann man kaum wahre Größe erreichen.

Ich beobachte mit Sorge, dass wir uns als Gesellschaft immer weiter davon entfernen, Menschen zu ermutigen, als Unternehmer oder Erfinder tätig zu sein. Das ist bedenklich, denn dadurch gefährden wir einen der wichtigsten Antriebe für unseren Wohlstand.

Die Verantwortung der Medien

Die Medien zählen zu den tragenden Säulen unserer Gesellschaft. Ich bin glücklich, in einem Land zu leben, in dem Meinungs- und Medienfreiheit zu den obersten Prinzipien zählen. Aber die Medien müssen sich ihrer Verantwortung bewusst sein.

Freie Medien und die Freiheit der Meinung sind die Basis unserer Demokratie und jeder zivilisierten Gesellschaft. Medien erfüllen eine wichtige Funktion, sie müssen kritisch sein und kontrollieren. Aber auch innerhalb der Medien muss man laufend darüber nachdenken, wie sie ihrer Verantwortung für das Land gerecht werden können. Wir dürfen nicht vergessen, dass mit einer giftigen Feder oft mehr Schaden angerichtet werden kann als mit Kanonen.

Die überwiegende Mehrheit der Journalisten verfolgt positive Absichten. Sie wollen in ihrem Beruf das Beste leisten und Nachrichten objektiv verbreiten. Aber es gibt auch solche, die von eindeutigen Tendenzen geleitet sind, sei es gegenüber Personen, Firmen oder der Wirtschaft im Allgemeinen. Nicht selten werden von diesen Informationen verzerrt oder ausgelassen, um ein negatives Bild von Unternehmen, Personen oder Wirtschaftszweigen zu zeichnen.

Ich spreche dies so deutlich an, weil Medienfreiheit kein Freibrief dafür sein kann und darf, alles zu publizieren, ohne eine Verantwortung für die Auswirkungen und Konsequenzen des Geschriebenen zu übernehmen. Wenn Medien ihre Hausaufgaben hinsichtlich Recherchen und Fakten nicht gemacht haben und daraus Berichte resultieren, die die Reputation von Personen oder Unternehmen schädigen, sollten sie zur Verantwortung gezogen werden. Die gesetzlichen Bestimmungen in diesem Bereich müssen strenger werden. Es kann nicht sein, dass man bloß den Zeigefinger erhebt und mit einer Richtigstellung die Sache als erledigt betrachtet.

Wenn beispielsweise ein Autohersteller ein fehlerhaftes Fahrzeug auf den Markt bringt und dadurch Menschen zu Schaden kommen, wird der Hersteller vor Gericht zitiert und zu einer Strafe verurteilt. Wenn Medien den guten Ruf von Menschen, Firmen oder Institutionen beschädigen, hat dies meist nur sehr milde oder gar keine Konsequenzen.

Medien nehmen für sich in Anspruch, dass eine ihrer wesentlichsten Aufgaben darin besteht, einen kritischen Blick auf Politik, Wirtschaft, Gesellschaft usw. zu haben. Aber wer wirft einen kritischen Blick auf die Medien? Im Prinzip sollte hier gleiches Recht für alle gelten. Dies ist in keiner Weise eine Kritik an der Medienfreiheit, deren enorme Bedeutung für eine zivilisierte Gesellschaft ich ja ausdrücklich hervorgehoben habe. Aber es wäre fair, wenn die Maßstäbe, die die Medien an andere anlegen auch für die Medien selbst gelten würden.

Unsere Zukunft in die eigenen Hände nehmen

Die EU hat gewaltige Strukturfehler, die die Finanz- und Wirtschaftskrise in Europa mitverursacht haben. Das Hauptproblem der EU sind Überverwaltung und Strukturen, die den Wettbewerb der Mitgliedsländer behindern.

Um gewählt zu werden, machen Politiker immer mehr Schulden, um den Lebensstandard der Bevölkerung zu erhalten. Jede Hausfrau weiß, dass sie nicht mehr Geld ausgeben kann, als die Familie verdient, sonst wäre sie bald auf Sozialhilfe angewiesen. Jeder Bauer weiß, wenn er mehr ausgibt, als er einnimmt, würde er seinen Hof verlieren. Jeder Gewerbetreibende weiß, dass man nicht mehr ausgeben als einnehmen kann, sonst geht der Betrieb bankrott.

Österreich muss Maßnahmen ergreifen, die unseren Lebensstandard verbessern, ohne weitere Schulden zu machen.

1. Als Erstes müssen wir ein ausgeglichenes Budget erstellen. Vielmehr soll ein Budgetüberschuss erzielt werden, um mit dem Schuldenabbau zu beginnen.

2. Das Steuersystem hat den größten Einfluss darauf, ob die Wirtschaft wächst, stagniert oder schrumpft. Die beste Lösung ist für mich die Einführung einer Flat Tax, die jeder Bürger versteht, ohne Schlupflöcher und Privilegien.

3. Wir müssen faire Maßnahmen ergreifen, um Verwaltung abzubauen, auf Bundes-, Landes- und Gemeindeebene, in allen Bereichen,

pro Jahr zwischen 5 und 10% über die nächsten fünf Jahre. In fünf Jahren sollten wir nur 50% der derzeitigen Verwaltungskosten haben.

4. Österreich soll zu einem starken, vereinten Europa beitragen, soll helfen, Frieden zu erhalten, und den freien Personen-, Güter und Kapitalverkehr fördern. Ich weiß, dazu gibt es geteilte Meinungen, für mich als Mann der Weltwirtschaft ist klar: Österreich muss seine Zukunft in die eigenen Hände nehmen und zur eigenen Wirtschafts- und Finanzpolitik zurückkehren.

Diese Punkte müssen rasch umgesetzt werden, damit wir nicht den gleichen Weg wie Griechenland gehen.

Natürlich sind Umwelt, Gesundheits- und Bildungswesen wichtige Themen. Auch hier brauchen wir neue, gute Lösungen, aber die ersten vier Themen haben Priorität.

Es braucht viel Wirtschafts- und Sozialerfahrung, um das umzusetzen. Ich habe nicht nur viel Wirtschaftserfahrung, ich habe mich im Laufe meines Lebens auch für viele andere wichtige Teile der Gesellschaft interessiert. Ich war lange im Nasdaq (größte elektronische Börse in den USA) Corporate Governance Committee, in Aufsichtsräten von Banken, von Krankenhäusern, Universitäten und karitativen Organisationen.

Ich habe ein gewisses Alter und strebe kein Amt an, sondern will meine Erfahrung und Ressourcen einbringen, um dazu beizutragen, den Lebensstandard in Österreich zu heben, Armut zu reduzieren und den nächsten Generationen eine gute Zukunft zu ermöglichen.

In weiteren Kolumnen werde ich näher auf die vorgeschlagenen Maßnahmen eingehen.

Budgetsanierung und Schuldenreduktion

Ich habe bereits darauf hingewiesen: Politiker machen viele Verspre-
chungen und geben viel Steuergeld aus, um gewählt und wiedergewählt
zu werden. Unser Lebensstandard ist noch hoch, aber wir müssen ver-
stehen, dass vieles auf Schulden aufgebaut ist.

Jede Hausfrau weiß, sie kann nicht mehr Geld ausgeben, als die Familie verdient, sonst würde sie auf Sozialhilfe angewiesen sein. Jeder Bauer weiß, wenn er mehr ausgibt, als er einnimmt, würde er über
kurz oder lang seinen Hof verlieren. Jeder Gewerbetreibende weiß,
man kann nicht mehr ausgeben als einnehmen, sonst geht der Betrieb
bankrott.

Wir als Bürger müssen uns fragen: Warum machen fast alle Staaten
Schulden? Regierungen waren immer schon und sind immer noch
von Großbanken beeinflusst. Natürlich sind für Großbanken Staatsanleihen ein gutes Geschäft und außerdem geht es um Macht.

Wir sollten einmal gegenüberstellen, was der Staat einnimmt und
was er ausgibt: Summiert man für das Jahr 2010 die Einnahmen über
sämtliche Steuern und Abgaben in Österreich, kommt man auf Staatseinnahmen in Höhe von 137,8 Mrd. Euro. Dem stehen jedoch laut
neuestem Zahlenmaterial von Statistik Austria Staatsausgaben von
knapp 151 Mrd. Euro gegenüber. Die Differenz aus Einnahmen und
Ausgaben betrug also rund 13,2 Mrd. Euro! Wir haben im letzten Jahr
13,2 Milliarden Euro mehr ausgegeben als eingenommen und bauen
so einen gigantischen Schuldenberg auf!

Die österreichische Staatsschuldenquote beträgt offiziell 71,8%
(Stand 2010) des Bruttoinlandproduktes, das heißt der Staat (Bund,
Länder und Gemeinden) hat zirka 220 Mrd. Euro Schulden. Die »echte« Staatsschuldenquote liegt aber schon fast bei 100%, denn durch
ÖBB, Asfinag und BIG (Bundesimmobiliengesellschaft) kommen
ausgelagerte Bundesverbindlichkeiten hinzu. Über ausgelagerte Verbindlichkeiten der Länder und Gemeinden und verschiedene Haf-
tungserklärungen von Bund, Ländern und Gemeinden gibt es keinen
genauen Überblick.

Im Jahr 2011 haben wir über 10 Milliarden Euro alleine an Zinsen bezahlt! Wenn wir verschiedene Länder, die ein schlechtes politisches Management haben, retten, zahlen wir sogar noch mehr und das jedes Jahr, weil ja die Schulden steigen! Man muss sich vorstellen, jedes Jahr könnten wir Hunderte Kindergärten, Ausbildungsstätten und andere soziale Einrichtungen für dieses Geld schaffen!

Unsere Zinszahlungen sind höher als unsere jährlichen Ausgaben für Bildung und Forschung! Durch das Drucken von Geld wird alles nur noch verschlimmert: Je mehr Geld in den Markt gepumpt wird, umso weniger wird es wert. Wir werden noch eine gewaltige Inflation erleben, wenn wir nicht rasch umstrukturieren.

Wir müssen die Verschuldung reduzieren. Ich habe noch nie gesehen, dass eine Firma, die Geldreserven hat, Bankrott gegangen ist. Das Gleiche gilt für Länder.

Es ist dringend notwendig, ein Gesetz zu verabschieden, das Politiker zwingt, ein ausgeglichenes Haushaltsbudget zu erstellen. In den nächsten Jahren sollte sogar einen Haushaltsüberschuss von mindestens 5% erwirtschaftet werden, damit endlich mit dem Schuldenabbau begonnen werden kann!

Steuerreform

Wenn wir bei Magna eine Finanzplanung machen und ich meine Finanzleute frage, welche Steuern berechnet werden, studieren sie diese Frage ein paar Tage lang und kommen zu dem Schluss, dass es etwas kompliziert sei. Man müsse daher externe Finanzexperten mit dieser Frage beauftragen. Nach ungefähr zwei Wochen kommt eine große Rechnung und die Expertise lautet: Es sei nicht ganz klar, es könne so oder so ausgelegt werden.

Es gibt zirka 300 Steuergesetze mit Tausenden Paragraphen, die jährlich x-mal novelliert werden. Es gibt zu viele Grauzonen, keiner kennt sich genau aus. Wenn wir bei Magna eine Steuerprüfung haben, sind unsere Finanzleute wochenlang beschäftigt. Eine Steuerprüfung ist ein gewaltiger Aufwand und sehr kostspielig für das Unternehmen.

Kleinere Betriebe fürchten Steuerprüfungen genau aus diesem Grund. Das kann doch nicht sein.

Wir brauchen einfache und klare Steuergesetze.

Ich befürworte die Einführung einer Flat Tax. Sie besteuert alle persönlichen Einkommen, also alle arbeitenden Menschen, ab 20 000 Euro brutto, genauso besteuert sie Unternehmenseinkommen und Kapitalerträge (Dividenden und Zinsen) mit dem gleichen Prozentsatz. Die Flat Tax würde im ersten Jahr zwischen 35 und 40% betragen, im zweiten Jahr könnte man sie vielleicht schon auf 30 bis 35% reduzieren und im dritten Jahr auf 20 oder 25%.

Natürlich spreche ich mich für die Beibehaltung, vielleicht sogar die Ausweitung einer Konsum- oder Mehrwertsteuer aus. So kann man Reichere höher besteuern, da sie vermutlich teurere Autos, teureren Wein usw. kaufen.

Zusätzlich müssen wir Rahmenbedingungen schaffen, die die Wirtschaft ankurbeln. Unternehmen, die ihren ganzen Gewinn oder einen Teil davon in Österreich investieren, sollen im entsprechenden Umfang steuerbefreit sein, denn das bedeutet Arbeitsplätze. Arbeitslose werden so zu Steuerzahlern, es wird nicht nur das Sozialsystem entlastet, sondern sogar ein erhöhtes Steueraufkommen geschaffen. Unternehmen, die ihren Gewinn im Ausland investieren, zahlen die Flat Tax.

Wir müssen verstehen, die Wirtschaft wird von drei Kräften getrieben: fleißige Mitarbeiter, kluges Management und das Kapital selbst. Alle drei haben einen moralischen Anspruch auf den Profit, der durch sie erzielt wird. Wir müssen ein Steuergesetz einführen, das festlegt, dass 10% vom Profit einer Firma an die Mitarbeiter in einer festgelegten Formel auszuzahlen sind, zusätzlich zu den Löhnen, für die gewisse Mindeststandards gelten sollen, die sich am Verbraucherpreisindex orientieren.

Bei Magna habe ich diese Formel für die Verteilung der Gewinne in einer Unternehmensverfassung verankert, und das hat Magna erfolgreich gemacht. Wir haben jetzt über 117 000 Mitarbeiter.

Diese Vorgangsweise würde österreichische Firmen in der globalen Wirtschaft konkurrenzfähig machen.

Das Regelwerk der Flat Tax sollte anstatt Tausender nur einige einfache, leicht zu verstehende Regeln beinhalten – ohne Schlupflöcher und Privilegien.

Derzeit erlaubt das Gesetz Großfirmen, durch verschiedene Finanztransaktionen auf Niedrigsteuerländer auszuweichen, sodass sie in Österreich keine oder wenig Steuern bezahlen. Diese und alle anderen Schlupflöcher gehören abgeschafft. Von den richtigen Strukturen profitiert die ganze Gesellschaft.

Verwaltungsreform

Verwaltung abzubauen ist eine sehr schwierige Aufgabe, sowohl in staatlichen Institutionen als auch in der Privatwirtschaft, weil es bedeutet, Mitarbeiter zu kündigen.

Für mich als Firmenchef war es immer sehr bedrückend, wenn wir fleißige Mitarbeiter kündigen mussten. Ich wusste, es war nicht die Schuld der Mitarbeiter, als die Firma in finanzielle Schwierigkeiten geraten war.

Es gibt sehr viele Gründe, warum eine Firma nicht gut funktioniert und Verluste macht. Es können globale Umstände sein, schlechtes Management oder unvernünftige Strukturen. Wenn eine Firma Verluste macht, muss man sehr schnell handeln, das heißt Verwaltung abbauen, seien es Manager, Angestellte oder Arbeiter.

Wir als Gesellschaft müssen uns dessen bewusst sein, dass eine Firma, die keinen Profit macht, über kurz oder lang in Konkurs gehen wird. Das heißt, ihre Mitarbeiter werden Arbeitslose, die Steuereinnahmen sinken und die Sozialkosten steigen.

Daher ist die erste und wichtigste Aufgabe der Eigentümer einer Firma, dafür zu sorgen, dass die Firma wieder von der Verlust- in die Gewinnzone geführt wird. Folgendes Beispiel soll dieses Thema veranschaulichen: Eine Firma mit 500 Mitarbeitern macht Verlust. Man muss also die Kosten reduzieren, es kann sein, dass es notwendig wird, 100 Mitarbeiter zu kündigen. So weh es tut, es muss gemacht werden, um die übrigen 400 Arbeitsplätze zu erhalten, also um ein noch größeres Unheil zu vermeiden.

Die gleichen Umstände gelten auch für den Staat und die Staatsbürokratie.

Ich sage immer, es gibt keine schlechten Arbeiter, aber in vielen Fällen schlechte Manager, die Schuld mittragen, wenn eine Firma nicht gesund ist.

Ich sage auch immer, es gibt keine schlechten Staatsangestellten, aber es gab und gibt Regierungsmitglieder, die durch ihre Unfähigkeit Strukturen geschaffen haben, die Österreich in sehr große Schwierigkeiten bringen werden. Ich betone immer, dass in einer zivilisierten Gesellschaft niemand der Sündenbock sein darf. Es ist nicht die Schuld der Beamten, dass sich die Bürokratie so aufgebläht hat. Wir alle sind dafür verantwortlich, da wir ein zu starkes Anspruchsdenken gegenüber der öffentlichen Hand entwickelt haben und bei vielen Problemen sofort nach dem Staat als Problemlöser rufen. Was wir dabei vergessen: Der Staat kann uns nichts geben, was er nicht vorher von uns genommen hat. Die Firma Österreich ist überverwaltet. Es gibt über 700 000 öffentlich Bedienstete in Österreich. Wir müssen diese Strukturen ändern und die Verwaltung in einer zivilisierten Art und Weise jedes Jahr zwischen 5 und 10 Prozent über die nächsten Jahre abbauen. So hart das klingt und so schwierig es sein wird, müssen wir es doch machen, wenn wir unseren Kindern und Enkelkindern nicht einen gewaltigen Schuldenberg hinterlassen wollen.

In Österreich wird viel Energie dafür aufgewendet, wie man etwas verhindern kann. Wir brauchen ein Umdenken, wie wir die unglaublich großen Energien der Menschen in Österreich besser nutzen können:

Wir müssen unsere veralteten Strukturen ändern, dann kann Österreich ein Vorzeigeland mit dem höchsten Lebensstandard werden.

Weniger Schulden, weniger Steuern, weniger Verwaltung

Immer wieder weise ich darauf hin, wo meiner Meinung nach der größte Reformbedarf Österreichs besteht, um uns allen eine gute Zukunft zu sichern:
1. Wir müssen ein ausgeglichenes Budget erstellen und mit dem Schuldenabbau beginnen;
2. wir müssen eine gerechte, einfache und klare Steuer einführen, die sogenannte Flat Tax, die Wirtschaftswachstum im Land fördert; und
3. wir müssen die aufgeblähte Bürokratie in einer zivilisierten Form abbauen.

Es darf nicht sein, dass Politiker uns, und vor allem die nächsten Generationen, völlig verschulden. Wir haben im Jahr 2010 13,2 Milliarden Euro mehr ausgegeben als eingenommen und bauen so einen gigantischen Schuldenberg auf! Die »echte Staatsschuldenquote« in Österreich liegt schon bei 100% und heuer werden wir über 10 Milliarden Euro alleine an Zinsen für unsere Schulden bezahlen!

Für 10 Milliarden Euro könnte man 10 riesige Krankenhäuser bauen oder 142 000 Spitalsärzte(innen) anstellen oder 200 000 Lehrer(innen) oder 500 000 Kindergärtner(innen). Oder man könnte jedem(r) Erwerbstätigen 200 Euro netto pro Monat in die Hand drücken!

Jeder Säugling wird schon mit einem Schuldenstand von ca. 28 000 Euro geboren! Es ist höchste Zeit, dass wir mit dem Schuldenabbau beginnen und vor allem damit aufhören, neue Schulden zu machen!

Zusätzlich zum Schuldenabbau brauchen wir auch Rahmenbedingungen, die Wohlstand schaffen: Die von mir unlängst angesprochene Steuerreform und Umstellung auf das Flat-Tax-System würde wesentlich dazu beitragen, den Wohlstand im Land anzuheben. Es darf keine Schlupflöcher und Privilegien im Steuersystem geben, und Unternehmen müssen einen Anreiz erhalten, in Österreich zu investieren: Firmen, die ihren Profit oder einen Teil dessen im Inland investieren, sollen zu diesem Teil komplett steuerbefreit sein. Das schafft Arbeitsplätze im Inland! Darüber hinaus sollen die Mitarbeiter am Gewinn beteiligt werden: Ich habe schon oft betont, dass die Wirtschaft von drei Kräften getrieben wird: von klugen Managern, von fleißigen Arbeitern und von Kapital. Die Kluft zwischen Arm und Reich ist im Laufe der Zeit größer geworden. Arbeiter haben einen moralischen Anspruch auf einen Teil des Gewinnes, den sie durch ihre Leistung miterwirtschaften. Es sollte gesetzlich verankert werden, dass die Mitarbeiter einer Firma an deren Profit mit mindestens 10% beteiligt werden müssen.

Schließlich müssen wir in einer zivilisierten Art und Weise die Verwaltung abbauen. Ich sage immer, wenn in einer Firma die Arbeiter noch so fleißig arbeiten, aber die Verwaltung zu groß ist, wird sie nicht wettbewerbsfähig sein. Die Firma Österreich ist überverwaltet: Wir haben zu viele Gesetze, die von zu vielen Beamten verwaltet werden.

Die Österreicher sind in der Regel sehr gut ausgebildete und fleißige Menschen. Wenn wir diese drei wesentlichen Themen umsetzen, wird Österreich bestimmt zu einem Vorzeigeland, wo Wohlstand herrscht und vor allem, wo dieser auch gerecht verteilt ist.

Österreich braucht eine Schuldenbremse!

Wir haben zu viele Schulden und zahlen dafür gewaltige Zinsen – 2011 waren es über 10 Milliarden Euro! Die Zinszahlungen übersteigen sogar das Budget für Unterricht, Kunst und Kultur, das 8 Milliarden Euro umfasst.

Wenn wir nichts unternehmen, wachsen der Schuldenberg und die jährlich zu zahlenden Zinsen ins Unermessliche! Die »echte« Staatsschuldenquote Österreichs liegt schon fast bei 100%, denn durch ÖBB, Asfinag und BIG (Bundesimmobiliengesellschaft) kommen ausgelagerte Bundesverbindlichkeiten zur offiziellen Staatsschuldenquote hinzu.

Eine hohe Staatsverschuldung kann schnell außer Kontrolle geraten und drastische Auswirkungen haben – bis zum staatlichen Zahlungsausfall. Österreich darf nicht Griechenland werden!

Wir müssen dafür sorgen, dass Politiker uns nicht weiterhin verschulden, ich trete dafür ein, dass Österreich eine für alle Politiker verbindliche Schuldenbremse einführt.

Deutschland hat im Jahr 2009 eine Schuldenbremse eingeführt und diese sogar in Verfassungsrang gehoben. Die Schuldenbremse besagt, dass der öffentliche Haushalt ohne eine weitere Aufnahme von Krediten zu finanzieren sein muss. Über einen bestimmten Konjunkturzyklus muss ein ausbalanciertes Budget erreicht werden; das heißt, wenn in einer Rezession mehr Kredite aufgenommen werden, muss dies während eines wirtschaftlichen Aufschwungs wieder ausgeglichen werden.

Auch die Schweiz führte im Jahr 2003 die Schuldenbremse im Verfassungsrang ein, nachdem zuvor das Volk darüber befragt worden war. Die eidgenössische Finanzverwaltung schätzt, dass seit der Einführung der Schuldenbremse im Jahr 2004 die Staatsschuldenquote von damals 60% bis zum Jahr 2014 auf 34% des BIP reduziert wird.

Auch die meisten US-Bundesstaaten haben laut ihren Verfassungen die Verpflichtung, ausgeglichen zu bilanzieren. Vor allem in diesem Zusammenhang sieht man aber, dass die Verpflichtungen nur zweckmäßig sind, wenn sie auch mit einem entsprechenden Sanktionsmechanismus ausgestattet sind. Wir brauchen also gewisse Sanktionsinstrumente, um die Einhaltung der Schuldenbremse auch durchsetzen zu können. Politiker müssen für ihr Tun verantwortlich sein!

Wie man so eine Schuldenbremse im Detail auch ausgestalten mag – die Kernaussage ist, dass unsere Politiker keine weiteren Schulden machen dürfen. Im Wahlkampf wird viel versprochen, es gilt schließlich Wählerstimmen zu sichern. Wir müssen uns aber dessen bewusst sein, dass der Staat uns nichts geben kann, was er uns nicht vorher genommen hat. Es liegt in der Verantwortung von uns Wählern, politische Versprechen abzulehnen, die nicht im langfristigen Interesse des Landes liegen. Denn wir alle müssen uns im Klaren sein, dass uns öffentliche Ausgaben auf Basis von Krediten Geld kosten – eines Tages müssen wir, unsere Kinder und Enkelkinder dies durch höhere Steuern und unangenehme Sparmaßnahmen zurückzahlen.

Wenn Österreich keine Schulden hätte, wäre unser Lebensstandard höher und vor allem langfristig gesichert. Das Land wäre konkurrenzfähiger, und das ist die beste Ausgangslage, um Arbeitsplätze zu schaffen und zu erhalten.

Der europäische Frühling könnte in Österreich beginnen

Es ist vieles gut in unserem Land, aber wir haben einige gewaltige Struk-
turfehler. Ich hoffe, dass wir diese bald korrigieren, sonst sehe ich keine
gute Zukunft für unser Land und unsere nächsten Generationen.

Die Regierung in Österreich wird zu sehr von den Gewerkschaften und den Banken beeinflusst, dadurch wird schlecht gewirtschaftet. Der Beweis, dass unser Land schlecht geführt wird, ist der
gewaltige Schuldenberg, auf dem wir sitzen, der über die letzten 30
Jahre angehäuft wurde. Wenn eine Firma in der Privatwirtschaft so
schlecht geführt wird, würde das Management von den Aktionären
sofort entlassen werden.

Auf der ganzen Welt waren es meist Studenten, die politische Veränderungen in einem Land herbeigeführt haben. Früher einmal ris-
kierten sie dafür ihr Leben, heutzutage leben wir Gott sei Dank in
einem sehr zivilisierten Land.

Am 18. Oktober 2011 habe ich das Frank Stronach Institut für sozialökonomische Gerechtigkeit gegründet. Erfreulicherweise arbeiten
wir bereits mit der Karl-Franzens-Universität in Graz und der TU in
Wien, wo Studenten völlig unabhängig Reformideen u. a. zur Budgetsanierung und Steuerreform analysieren, entwickeln und diskutieren. Ich hoffe sehr, dass wir im Laufe der Zeit auch andere Universitäten in diesem Zusammenhang unterstützen und somit viele
Studenten zum Nachdenken anregen können.

Wir brauchen eine Revolution des Denkens, aber keine zerstören-
de Revolution, sondern eine geistige Revolution. Ein Umdenken, das
einer zerstörenden Revolution zuvorkommt, indem sich die Dinge
rechtzeitig ändern.

Ich habe schon mehrmals gesagt: Österreich muss jetzt dringend drei erste Massnahmen ergreifen, um unseren Lebensstandard
zu erhalten und zu verbessern, ohne uns dabei weiter zu verschulden.

1. Wir dürfen keine Schulden mehr machen und müssen endlich
damit beginnen, unsere Schulden zurückzuzahlen. Diese Schulden-

bremse gehört in den Verfassungsrang und jede Nichteinhaltung muss entsprechend sanktioniert werden. Ich trete dafür ein, dass Politiker einen Eid ablegen, der sie zur Einhaltung gewisser Grundsätze verpflichten soll. Wenn zum Beispiel ein Politiker ein Gesetz unterstützt, das eine weitere Verschuldung verursacht, soll er sofort zurücktreten!

2. Wir brauchen eine ganz einfache und gerechte Steuer, eine Flat Tax, die jeder Bürger versteht, ohne Schlupflöcher und Privilegien. Unternehmen, die im Inland investieren, sollen von der Steuer im Unfang ihrer Investitionen befreit sein. Das bedeutet nämlich Arbeitsplätze im Land. Derzeit gibt es ja absurde Steuerregeln, die Unternehmen, die ihr Geld im Ausland investieren, in Österreich steuerlich begünstigen, das gehört abgeschafft.

3. Besonders wichtig ist auch, dass wir die große Kluft zwischen den Kapitalisten und den Arbeitern verringern: Unternehmen ab einer gewissen Größe, wo es eigentlich keinen klaren Eigentümer mehr gibt, müssen ihre Mitarbeiter mit mindestens 10% am Profit beteiligen. So werden die Arbeiter motiviert. Sie sind dann am Erfolg, den sie ja durch ihren Fleiß miterwirtschaften, beteiligt.

Es ist ganz klar, dass es weitere sehr wichtige Themen in Österreich gibt, die die Polik nicht alleine lösen kann, die aber äußerst reformbedürftig sind und behandelt werden müssen, wie zum Beispiel Verwaltung, Bildung, Gesundheitswesen, Sicherheit, Umwelt und Immigration. Es gibt aber eine Vielzahl von Meinungen zu diesen Themen und daher wird es nicht ganz leicht sein, sich hier auf Reformen zu einigen. Für diese Themen wird es ist ganz wichtig sein, die Bürger in die Lösungsfindung miteinzubeziehen.

Wir brauchen ein Umdenken, eine geistige Revolution, und ich hoffe sehr, dass es vor allem die jungen Österreicher in die Hände nehmen werden, auf eine zivilisierte Art und Weise Änderungen in Österreich herbeizuführen, die uns und unseren nächsten Generationen langfristig eine gute Zukunft ermöglichen.

Europa braucht Wettbewerb anstatt Gleichmacherei

Ich bin mir dessen bewusst, dass es zum Thema Euro und zur europäischen Wirtschaftspolitik viele Meinungen gibt. Es kann aber nicht richtig sein, dass ein Land, das vernünftige Wirtschaftsstrukturen hat, ein Land mit schlechten Wirtschaftsstrukturen subventioniert.

Europa hat gravierende Probleme, die vor allem durch die Gründung der Währungsunion entstanden sind. Viele wirtschaftlich schwache Länder nutzten billig ausgeborgte Gelder und finanzierten einen hohen Lebensstandard, ohne dass dieser aber real erwirtschaftet wurde.

Oft wird ein Vergleich mit den USA angestellt, aber die haben eine ganz andere Ausgangslage: Die Kulturen in Europa sind Tausende von Jahren alt und sehr stark verwurzelt. Ein Großteil der amerikanischen Gesellschaft ist vor rund 200 Jahren aus britischen Einwanderern gebildet worden, die Situation und Kultur dieser Einwanderer war ähnlich. Bei uns aber gibt es eine Vielfalt der Kulturen und Mentalitäten, Italiener sind anders als Deutsche, Griechen anders als Franzosen und so weiter.

Grichenland ist ein Paradebeispiel: Für Tausende von Jahren waren die Griechen unabhängig. Griechenland ist die Wiege der westlichen Kultur und der Demokratie. Im 21. Jahrhundert kommt dann die EU mit neuen Vorschriften, billigem Zugang zu Geld und anderen Verlockungen, die Griechenland in den De-facto-Staatsbankrott treiben. Nun zwingen wir den Griechen noch mehr Geld und strikte Sparpakete auf! Kein Wunder, dass die Bevölkerung revoltiert. Man sollte Griechenland seinen eigenen Weg gehen lassen. Es ist klar, dass man einem Nachbarn in Not hilft, aber man kann nicht auf Dauer einen großzügigen Lebensstil mitfinanzieren, dann verlieren nämlich alle. Das muss einmal zum Thema Europapolitik verstanden werden.

Das Hauptanliegen der Europäer nach den beiden Weltkriegen lag darin, endlich Frieden zu haben. Im Laufe der Zeit arbeitete man wirtschaftlich enger zusammen. Die Europäische Gemeinschaft sicherte freien Personen-, Güter- und Kapitalverkehr. Die Wirtschaft prosperierte für viele Jahre. Der Motor des sogenannten Wirtschaftswunders war der Wettbewerb, der in allen bedeutenden Sektoren herrschte. Es gab den Wettbewerb der Rechtssysteme und der Standorte, der Währungen, der Steuersysteme, der Sozialsysteme, der Bildungssysteme. Dann aber wurde ein folgenschwerer Fehler gemacht: Anstatt sich rein auf Wirtschaft und Wettbewerb zu konzentrieren, wurde eine politische Union gegründet. Die Gründung der Europäischen Union mit deren gewaltigem Verwaltungsapparat hat nichts zu weiterem Wirtschaftswachstum beigetragen, ganz im Gegenteil, diese Bürokratie versteht nichts von der Wirtschaft und verhindert den so wichtigen Wettbewerb durch ihr ständiges Bestreben, viele Bereiche zu harmonisieren. Es wird so lange »harmonisiert«, bis alle Länder auf der gleichen Stufe sind – nämlich auf der untersten!

Die Wirtschafts- und Außenminister hätten die Wünsche der Europäer nach Frieden und Wohlstand leicht umsetzen können, ohne den Menschen ein politisches System und die damit verbundene Bürokratie aufzuzwingen. Es ist sehr wichtig, dass wir uns politisch wieder entflechten und zu unserer souveränen Wirtschafts- und Finanzpolitik zurückkehren. Es wird dabei ein ganz natürlicher marktwirtschaftlicher Prozess sein, dass sich verschiedene Währungen wieder aneinander koppeln, so wie das vor der Einführung des Euro der Fall war.

Ich befürchte, dass es das Ziel der Führungseliten in Europa ist, einen zentral regierten Bundesstaat zu errichten, in welchem die souveränen Rechte der einzelnen Länder für immer verloren wären – all das basierend auf dem Glauben an die zentrale Macht der Bürokratie.

Ein starkes Europa souveräner Staaten

Die Führungselite der EU arbeitet verzweifelt daran, Lösungen zu finden, um einen totalen Zusammenbruch der europäischen Währung und Wirtschaft abzuwenden. Vor allem zur Sicherung der Banken werden unzählige Milliarden Euro gedruckt – wer das bezahlen wird, ist ganz klar: der Mittelstand und insbesondere die Arbeiter.

Der ständig wachsende Schuldenberg und das Drucken frischen Geldes lösen die Probleme nicht, sondern verschieben sie in die Zukunft.

Wir brauchen Wirtschaftswachstum! Die Wirtschaft wächst in erster Linie durch Realwirtschaft, also durch Unternehmen, die Produkte erzeugen und Arbeiter beschäftigen.

Ich habe schon oft erwähnt: Wir brauchen einen ausgeglichenen Staatshaushalt und müssen damit aufhören, mehr auszugeben, als wir einnehmen. Gleichzeitig brauchen wir ein gerechtes und einfaches Steuersystem, das Anreize für Unternehmen schafft, in Österreich zu investieren. Es darf keine Schlupflöcher und Privilegien geben. Nicht nur große Konzerne, sondern auch Klein- und Mittelunternehmen können sehr viel zum Wachstum in Österreich beitragen, aber es gibt zu viele komplizierte Regeln und Paragraphen. In Österreich wird zu viel Energie dafür aufgewendet, wie man etwas verhindern kann. Wir brauchen ein Umdenken.

Zusätzlich zu den Tausenden Gesetzen und dem aufgeblasenen Verwaltungsapparat erlässt die EU unzählige Vorschriften, welche die Mitgliedsstaaten auf nationaler Ebene umzusetzen haben. Die europäische Zentralisierung schafft einen Dschungel an Vorschriften, der durch ein Heer von Beamten verwaltet werden muss.

Natürlich muss es in einer zivilisierten Gesellschaft für alle Regeln geben, auch für die Wirtschaft. Man darf der Wirtschaft keinen freien Lauf lassen, wir brauchen einen geordneten Ablauf und müssen Monopole vermeiden. Sowohl private als auch staatliche Monopole führen zur Knechtschaft der Bevölkerung. Wir brauchen ein effizientes System der sozialen Marktwirtschaft, mit dem Ziel, durch Wirtschaftswachstum größtmöglichen Wohlstand zu erreichen. Wohlstand muss aber erarbeitet werden, man kann ihn nicht durch Gelddrucken oder Schuldenaufnahmen erreichen.

Die Probleme in Europa lassen sich in der jetzigen Struktur der EU schwer lösen. Es ist schwierig, sich zu einigen, da die Mitgliedsstaaten unterschiedliche Interessen haben. Es besteht die Gefahr, dass die EU immer mehr zu einem zentral regierten Bundesstaat wird, wo die einzelnen Länder immer weniger mitzureden haben.

Man sagt immer wieder, dass sich ein kleines Land nicht alleine behaupten könne, aber als souveränes Land lassen sich Entscheidungen viel effizienter treffen. Werfen wir einen Blick auf die Schweiz: Das Land ist noch kleiner als Österreich, aber gut geführt, es gibt einen sehr hohen Lebensstandard.

Ich möchte noch einmal betonen: Ich glaube an ein starkes Europa! Österreich soll zu einem starken Europa beitragen! Wir wollen Frieden, freien Personen-, Güter- und Kapitalverkehr. Dafür brauchen wir aber weniger Zentralisierung und Verwaltung durch Brüssel, stattdessen mehr Souveränität, Marktwirtschaft, Wettbewerb und Unternehmertum!

Wirtschaftswachstum durch ein einfaches und gerechtes Steuersystem

Wir brauchen Wirtschaftswachstum, denn das bedeutet Arbeitsplätze. Wenn mehr Menschen arbeiten, reduzieren sich die Sozialkosten und die Steuereinnahmen steigen.

Den größten Einfluss auf das Wirtschaftswachstum hat das Steuersystem – wir brauchen ein vereinfachtes Steuersystem, eine sogenannte Flat Tax. Sie besteuert alle persönlichen Einkommen, alle Unternehmenseinkommen und alle Kapitalerträge (Dividenden und Zinsen) mit dem gleichen Prozentsatz. Das derzeitige Steuersystem hindert das Wirtschaftswachstum aus mehreren Gründen: Es ist so kompliziert, dass sich kaum jemand auskennt, und es bringt unzählige Auflagen und Vorschriften mit sich, dass die Unternehmer mehr damit beschäftigt sind, sich auf eine Steuerprüfung vorzubereiten, als mit ihrem eigentlichen Geschäft.

Ich meine, Unternehmen, die ihren Gewinn in Österreich investieren, sollen von der Steuer (Flat Tax) befreit sein, denn das bringt Arbeitsplätze im Land. Unternehmen, die ihren in Österreich erwirtschafteten Gewinn im Ausland investieren, unterliegen der Besteuerung. Wenn das Geld in der Firma bleibt, bedeutet das Arbeitsplätze, also ohne Ausschüttung fällt keine Steuer an.

Weiters soll es keine komplizierten Abschreibungsregeln geben, die Kosten von Maschinen etc. sollen direkt beim Einkauf verbucht werden.

Die Flat Tax würde zwischen 20 und 40% liegen. Der richtige Prozentsatz wird sich im Laufe der Zeit finden, er sollte nach ein paar

Jahren bei 20% liegen, wenn einmal die alten Strukturen verändert sind.

Das ist die Grundidee der Flat Tax. Es gibt keine Schlupflöcher und Privilegien. Die Flat Tax ist einfach zu verstehen, fördert Wirtschaftswachstum und reduziert den Verwaltungsaufwand gewaltig.

Natürlich soll die Mehrwertsteuer beibehalten, vielleicht sogar ausgeweitet werden. So werden Reichere höher besteuert, da sie vermutlich teurere Autos, teureren Wein etc. kaufen.

Bei einem so einfachen Steuersystem braucht man viel weniger Steuerberater und Finanzexperten. Natürlich werden diese Berufsgruppen über die vereinfachte Steuer (Flat Tax) nicht erfreut sein. Es ist aber sehr wichtig, dass wir unser Land wieder zurück in die Realwirtschaft führen, wo Produkte erzeugt werden. Im Laufe der letzten Jahrzehnte entwickelten wir uns immer mehr zu einer Finanzwirtschaft, wo wir nur Papier hin und her schieben. Ein gefährlicher Weg, denn Papier kann man nicht essen.

Wir müssen realen Wohlstand schaffen, nicht unseren schwindenden Wohlstand umverteilen. Die Wirtschaft wird von drei Kräften getrieben: fleißigen Mitarbeitern, einem klugen Management und dem Kapital selbst. Ganz egal, wie fleißig die Arbeiter sind, ohne kluge Manager wird kein Gewinn gemacht. Kluge Manager finden auf der ganzen Welt Arbeit, aber wir wollen sie in Österreich behalten.

Das Steuersystem beeinflusst ganz maßgeblich, ob die Wirtschaft wächst, stagniert oder schrumpft. Es ist die Aufgabe der Politik, dafür zu sorgen, dass sie wächst, damit Arbeitsplätze erhalten und geschaffen werden und damit es immer weniger Menschen an der Armutsgrenze gibt.

In meiner nächsten Kolumne möchte ich etwas genauer darlegen, wie die Flat Tax in der Praxis funktionieren würde.

2012

Wie die vereinfachte Steuer (Flat Tax) in Österreich funktionieren würde

Ich habe schon in einigen Kolumnen erwähnt, dass wir ein Steuersystem brauchen, das Wirtschaftswachstum fördert. Wirtschaftswachstum bringt Arbeitsplätze und schafft Wohlstand.

Unsere Politiker scheinen zu hoffen, dass sie durch weitere Verschuldung Wohlstand »ausborgen« können, aber die nächsten Generationen werden den Preis dafür bezahlen müssen. Wohlstand muss erarbeitet werden.

Das maßgeblichste staatliche Instrument, um Wirtschaftswachstum zu fördern, ist das Steuersystem, und ich trete für die Einführung der vereinfachten Steuer (Flat Tax) ein. Alle persönlichen Einkommen, alle Unternehmenseinkommen und alle Kapitalerträge (Dividenden und Zinsen) werden mit dem gleichen Prozentsatz besteuert.

Derzeit haben wir in etwa 300 Steuergesetze mit Tausenden Paragraphen, die jedes Jahr mehrmals novelliert werden. Kaum jemand kennt sich noch aus.

Im Jahr 2011 nahm der Staat im ordentlichen Budget 62,5 Milliarden Euro ein und gibt 70,1 Milliarden Euro aus. Das öffentliche Defizit von 2010 lag bei 12,6 Mrd. Euro, heuer werden es 13,2 Mrd. Euro sein. Die Staatseinnahmen sind um 3,8 Mrd. Euro gestiegen, aber auch die Staatsausgaben sind gestiegen, und zwar noch mehr, um 5 Mrd. Euro.

Wir häufen also weiterhin Schulden an, die eines Tages mit hohen Zinsen zurückbezahlt werden müssen.

Man kann auf Dauer nicht mehr ausgeben, als man einnimmt. Ich habe schon mehrmals den Vergleich gezogen: Jede Hausfrau weiß, wenn sie mehr ausgibt als einnimmt, kommt die Familie über kurz oder lang ins Armenhaus.

Wir müssen also unbedingt einen ausgeglichenen Staatshaushalt erreichen. Die Einnahmen müssen den Ausgaben entsprechen, sie sollten sogar darüber liegen, damit endlich die Schulden zurückbezahlt werden können. Die Lösung kann aber nicht sein, immer höhere Steuern einzuheben, denn das lähmt das Wirtschaftswachstum. Kapi-

146

tal lässt sich nicht einsperren und wird sich anderswo ansiedeln, wenn die Bedingungen in Österreich zu unattraktiv werden.

Werfen wir einen Blick auf das österreichische Budget: 90% der Staatseinnahmen stammen aus Steuern und Sozialbeiträgen. Sie setzen sich vorwiegend zusammen aus:

Mehrwertsteuer: 23,6 Mrd Euro (2011)

Lohnsteuer: 21,6 Mrd. Euro (2011)

Körperschaftssteuer: 4,5 Mrd. Euro (2011)

Mineralölsteuer: 4,4 Mrd (2011)

Veranlagte Einkommenssteuer: 2,5 Mrd. Euro (2011) und

Kapitalertragssteuer: 3 Mrd. Euro (2011).

Durch die Einführung der vereinfachten Steuer (Flat Tax) können wir Schlupflöcher schließen. Derzeit gibt es vor allem für große Konzerne und Banken zu viele Möglichkeiten, die Steuer in Österreich zu vermeiden: Durch die sogenannte Gruppenbesteuerung können Unternehmen Verluste von Auslandstöchtern in Österreich steuermindernd geltend machen. Insbesondere Banken machen von dieser Möglichkeit exzessiven Gebrauch. Es handelt sich um gewaltige Summen an Steuerausfällen.

Wichtig ist, die Lohnsteuer zu senken, um Österreich für die besten Unternehmen und die besten Arbeiter attraktiv und dadurch wettbewerbsfähig zu machen.

Es ist keine Hexerei nachhaltig erfolgreich zu budgetieren:

Wir brauchen Anreize für Unternehmer, um in Österreich zu investieren, wir brauchen Anreize für Mitarbeiter, die ihre erwirtschaftete Leistung in ihren Geldbörsen spüren sollen, und wir müssen die Verwaltung auf eine zivilisierte Art reduzieren.

In einer zivilisierten Gesellschaft soll niemand hungrig sein

Wie ich schon oft betont habe, ist es wichtig, dass wir ein ausgeglichenes Budget haben. Wir dürfen nicht mehr ausgeben, als wir einnehmen, und gleichzeitig soll der Staat die Budgetlöcher nicht durch ständige Steuererhöhungen stopfen. Wir müssen also sowohl unsere Staatseinnahmen als auch unsere Staatsausgaben besser strukturieren.

Vor kurzem habe ich erklärt, was die vereinfachte Steuer (Flat Tax) in Österreich zum Wirtschaftswachstum und vor allem zur Steuergerechtigkeit beitragen könnte. Wir wollen mehr Wohlstand schaffen und diesen gerecht verteilen. Es ist ganz besonders wichtig, Armut zu reduzieren.

Ich sage immer, eine Nation kann nur daran gemessen werden, wie die Leute an der untersten Stufe leben. Ein Land kann nicht daran gemessen werden, wie die Leute in den Villenvierteln leben, sondern daran, wie sie in den Armenvierteln leben.

Das derzeitige Steuer- und Umverteilungssystem behindert Wirtschaftswachstum und trägt wenig zur Minderung der Armut bei.

Das öffentliche Defizit von 2010 lag bei 12,6 Mrd. Euro, heuer werden es schon 13,2 Mrd. Euro sein! Die Staatseinnahmen sind um 3,8 Mrd. Euro gestiegen, aber auch die Staatsausgaben sind gestiegen, und zwar noch mehr, um 5 Mrd. Euro.

Der Staat macht mehr und mehr Schulden, die eines Tages mit teurem Zins zurückbezahlt werden müssen. So kann man keinen Wohlstand schaffen! Fast die Hälfte aller Staatsausgaben entfallen auf Soziales, also auf Pensionen, Familienbeihilfe, Arzt- und Spitalsleistungen. Fast 20% der Staatsausgaben entfallen auf Personalaufwand, das alleine sind 27 Mrd. Euro! Wir müssen effizienter werden, bei einer Bevölkerung von rund 8 Millionen Menschen kann es doch nicht sein, dass es 700 000 öffentliche Bedienstete braucht!

Ich meine, dass wir durch die Einführung der vereinfachten Steuer (Flat Tax) Wirtschaftswachstum fördern und viel Verwaltung reduzieren können, beides schafft zusätzliche Mittel, die wir gezielt einsetzen können, um etwas dazu beizutragen, Armut zu reduzieren.

Menschen unter einer gewissen Einkommensgrenze sollen eine Sozialkarte bekommen, mit der sie z. B. jede Woche für einen gewissen Betrag Nahrungsmittel einkaufen können. Niemand soll in einer zivilisierten Gesellschaft Hunger leiden, obdachlos oder ohne gesundheitliche Versorgung sein.

Arbeiter sollen am Erfolg der Firma beteiligt sein

Ich habe schon oft betont: Naturgesetze sind stärker als von Menschen gemachte Gesetze. Eines der bedeutendsten Naturgesetze ist: Der Hauptgrund, warum Menschen morgens aufstehen, ist, dass sie ein besseres Leben für sich und ihre Familien gestalten wollen. Menschen wollen also Wohlstand schaffen.

Um Wohlstand zu erzielen, braucht es Kapital. Wir müssen verstehen, Kapital wird durch drei treibende Kräfte geschaffen: Arbeiter, Management und das Kapital selbst. Alle drei haben einen moralischen Anspruch auf den Profit, der durch sie erzielt wird. Investoren erwarten für ihr Geld eine angemessene Verzinsung. Das Management bringt Wissen und unternehmerisches Denken ein und erwartet daher eine angemessene Bezahlung. Die Mitarbeiter tragen durch Einsatz und Fleiß dazu bei, dass Gewinne entstehen, auch sie sollen daher am erzielten Gewinn entsprechend beteiligt sein.

Bei Magna habe ich eine Formel für die Verteilung der Gewinne in einer eigenen Unternehmensverfassung verankert. Die Magna-Unternehmensverfassung war die erste ihrer Art, sie trat schon vor 30 Jahren in Kraft. Durch diese Verfassung wird sichergestellt, dass alle, die zum Gewinn beitragen, einen Anteil davon erhalten. Das schafft Anreize für Mitarbeiter, Management und Investoren und gleichzeitig eine Balance zwischen den Interessen. Balance ist besonders wichtig für eine Gesellschaft.

Eines der Hauptprobleme unserer Gesellschaft ist, dass die Kluft zwischen den Wohlhabenden und den Arbeitern zu groß ist. Ich meine daher, wir brauchen Strukturen, die dafür sorgen, dass alle

Mitarbeiter am Profit einer Firma beteiligt sind. Unternehmen, die eine gewisse Größe haben, wo es eigentlich keinen klaren Eigentümer mehr gibt, sollten verpflichtet sein, einen Teil von ihrem Profit an ihre Mitarbeiter ausbezahlen. Die Mitarbeiter haben ein moralisches Recht darauf, am Erfolg ihrer Firma beteiligt zu sein. Darüber hinaus führt die Beteiligung der Mitarbeiter zu einem Umdenken: Wenn Mitarbeiter am Erfolg ihers Unternehmens beteiligt sind, sind sie viel motivierter, dadurch wird die Firma automatisch konkurrenzfähiger.

Die große Kluft zwischen den Wohlhabenden und den Arbeitern muss verringert werden. Wenn alle am gleichen Strang ziehen, also Eigentümer, Manager und Arbeiter zusammenarbeiten, um ihre Produkte oder Dienstleistungen gemeinsam kontinuierlich zu verbessern, wird ihre Firma besser sein als die Konkurenz. Sie wird bessere Produkte entwickeln, mehr Kunden haben und einen höheren Gewinn verzeichnen, von dem letztlich alle profitieren.

In letzter Zeit wird viel davon gesprochen, wie wir Wohlstand verteilen können, dabei wäre es viel wichtiger, sich Gedanken zu machen, wie wir Wohlstand schaffen können. Ich denke, Mitarbeiter am Erfolg ihrer Firma zu beteiligen, ist ein wichtiger Beitrag, um Wohlstand in unserer Gesellschaft zu schaffen.

Wohlstand schaffen und Armut reduzieren

Das derzeitige Steuer- und Umverteilungssystem behindert Wirtschaftswachstum und trägt wenig zur Minderung der Armut bei.

Im Gegenteil, durch die weitere Verschuldung mindern wir den Wohlstand unseres Landes und unserer Bürger. Anders nämlich als bei privaten Schulden, wo der Schuldner für seine Schulden selbst haftet, haftet nicht der Staat für Staatsschulden, sondern wir, die Bürger! Wenn der Staat bankrott geht, verliert nicht der Staat sein Vermögen, sondern wir Bürger verlieren unser Vermögen!

Österreich darf keine Schulden zulasten seiner Bürger und unserer nächsten Generationen mehr machen. Dennoch geben unsere Politiker auch heuer wieder mehr aus, als sie einnehmen. Im Jahr 2011 betrug das Defizit 13,2 Mrd. Euro und heuer werden es über 9 Mrd. Euro sein. Und Österreich hat bereits Schulden in der Höhe von 220 Mrd. Euro – die ausgelagerten Verbindlichkeiten nicht miteingerechnet!

Dennoch macht der Staat mehr und mehr Schulden, die mit teurem Zins zurückbezahlt werden müssen. So kann man keinen Wohlstand schaffen!

Auch durch Geld drucken kann man keinen Wohlstand schaffen, ganz im Gegenteil, je mehr Geld gedruckt wird, desto weniger wird es wert. Durch die Vermehrung des Geldes und der weiteren Schulden werden wir im Laufe der Zeit um unsere Ersparnisse gebracht. Wir wollen Wohlstand schaffen, nicht Wohlstand verwässern!

Auch Staatsanleihen sind nicht die Antwort für die Sanierung des Haushaltsbudgets. Durch sie kommt der Staat an unser hart erarbeitetes Geld, um sich bzw. uns weiter zu verschulden. Je mehr unsere Ersparnisse in Staatsanleihen gehen, desto weniger Geld fließt in unsere Unternehmen und Investitionen und umso mehr fließt in die unproduktiven Aktivitäten des Staates, dabei geht ein nicht unbeachtlicher Teil des Geldes im Sumpf der Bürokratie verloren.

Wir müssen aufhören, Schulden zu machen, bei den Verwaltungskosten einsparen und – wie ich schon oft betont habe – wir brauchen eine vereinfachte Steuer (Flat Tax), die Wirtschaftswachstum fördert. Wir würden viel Geld einsparen, das wir gezielt einsetzen könnten, um Armut zu reduzieren.

Ein Vorschlag, den ich bereits gemacht habe, ist die Einführung einer Sozialkarte: Menschen unter einer gewissen Einkommensgrenze sollen eine Sozialkarte bekommen, mit der sie z. B. jede Woche für einen gewissen Betrag Nahrungsmittel einkaufen können. Die Sozialkarte wäre für alle bedürftigen Bürger. Wöchentlich würde ein gewisser Betrag auf die Karte gebucht werden, der z. B. für Lebensmittel und Miete ausgeben werden kann. Die Karte würde hoffentlich helfen, Missbrauch zu vermeiden, so sollte es zum Beispiel nicht möglich sein, mit der Karte Spirituosen und andere Suchtmittel zu kaufen.

Wohlstand schaffen und Armut reduzieren sind Ziele, die Hand in Hand gehen. Es ist sehr wichtig, dass wir Rahmenbedingungen gestalten, die Anreize dafür bieten, Wohlstand zu schaffen und Armut zu reduzieren.

Die Bürger miteinbeziehen für die nächsten großen Reformen

In meinen letzten Kolumnen habe ich auf die wichtigsten Reformpunkte hingewiesen, die Österreich so rasch wie möglich umsetzen muss, um die hohe Lebensqualität seiner Bürger zu sichern und nachhaltig zu bewahren:

1. Es dürfen keine Schulden mehr gemacht werden und durch einen zu erwirtschafteten Budgetüberschuss soll mit dem Schuldenabbau begonnen werden.

2. Wir brauchen ein vereinfachtes Steuersystem (Flat Tax) ohne Schlupflöcher und Privilegien, das Wirtschaftswachstum fördert.

3. Mitarbeiter sollen am Erfolg ihres Unternehmens beteiligt werden, damit alle an einem Strang ziehen und die große Kluft zwischen Wohlhabenden und Arbeitern verringert wird.

Ich habe mich als Erstes auf diese Punkte konzentriert, weil es ganz wichtig ist, klare Prioritäten zu setzten. Es gibt zahlreiche weitere äußerst reformbedürftige Themen in Österreich, und zu allen gibt es viele verschiedene Meinungen, meist mit einer gewissen Berechtigung. Zu diesen Themen zähle ich z. B. Verwaltung, Bildung, Gesundheitswesen, Sicherheit, Umwelt und Immigration. Es gibt aber eine Vielzahl von Meinungen zu diesen Themen und daher wird es nicht ganz leicht sein, sich hier zu einigen und Lösungen zu finden.

Diese wichtigen Themen sollen öffentlich diskutiert werden, ohne »politische Show« und ohne, dass sich die Parteien und Politiker gegenseitig Schuld zuweisen und beschimpfen. Wir brauchen grundlegende Veränderungen und Lösungen, die unser Leben und das unserer nächsten Generationen nachhaltig gestalten und die ohne Einfluss der jeweiligen Tages- und Parteipolitik gefunden und implementiert werden.

Es ist daher besonders wichtig, für diese grundlegenden Themen die Bürger unseres Landes miteinzubeziehen: Ich spreche mich für die Einführung einer Bürgervertretung aus.

Hinsichtlich der Bestellung der Bürgervertreter schlage ich vor, dass wir uns an einem über viele Jahre bewährten demokratischen System orientieren sollten – dem Geschworenensystem. In ähnlicher

Weise könnte man mit einem Zufallsgenerator aus jedem Wahlbezirk eine Liste möglicher Bürgervertreter erstellen.

Die Bürgervertreter sollen im Parlament zu den wichtigsten Themen Vorschläge einbringen. Sie würden sich mit Themen befassen, die nicht politisch gelöst werden können, insbesondere mit der Verwaltungs-, Schul-, Gesundheitsreform, der Einwanderungs- und Umweltpolitik. Ich spreche mich für die Einrichtung einer Bürgervertretung aus, weil ich davon überzeugt bin, dass die Regierung mit ihrer Unterstützung weniger auf parteipolitische Interessen, dafür aber stärker auf das langfristige Interesse unseres Landes Rücksicht nimmt.

Wer ist schuld an unserem Bonitätsverlust?

Die Herabstufung Österreichs durch die größte US-Ratingagentur Standard & Poor's von Triple-A-Status auf AA+ Status war ein Schock. Das Problem ist jedoch hausgemacht.

Viele Politiker haben empört aufgeschrien und die Kommentare reichten vom grundsätzlichen Verbieten solcher Ratings bis hin zur Schaffung einer eigenen europäischen Ratingagentur, die uns doch viel besser bewerten könnte.

Ratingagenturen erfüllen eine wichtige Aufgabe in unserer Gesellschaft: Sie geben institutionellen Anlegern wie Versicherungen oder Pensionsfonds Auskunft über die Bonität jeweiliger Länder und ihrer Anleihen. Wenn Länder ordentlich wirtschaften würden und keine Schuldenberge angehäuft hätten, bräuchte man sie tatsächlich nicht!

Da aber unsere Politiker in guten und in schlechten Zeiten schlecht wirtschaften und Jahr für Jahr keinen ausgeglichenen Staatshaushalt zusammenbringen, haben wir Berge von Schulden angesammelt, weshalb sich ein potentieller Gläubiger der Republik Gedanken machen muss, ob er sein Geld jemals wiedersehen wird.

Es ist völlig absurd, den Ratingagenturen die Schuld in die Schuhe zu schieben, nicht sie haben unsere Bonität aufs Spiel gesetzt und verloren, sondern unsere Politiker!

Ich habe schon oft gesagt, jede Hausfrau weiß, dass, wenn sie mehr ausgibt, als die Familie einnimmt, die Familie über kurz oder lang ins Armenhaus kommt.

Die meisten unserer Politiker scheinen das noch nicht begriffen zu haben, auch dieses Jahr geben wir laut Budgetplanung um 9 Mrd. Euro mehr aus, als wir einnehmen! Und das nennen unsere Politiker auch noch sparen!

Wir können jetzt aber nicht Budgetlöcher mit neuen Steuererhöhungen zustopfen, sondern brauchen ein Umdenken. Wir müssen die verkrusteten Strukturen in unserem Land aufbrechen und ich schlage vor, wir fangen damit an, kritisch zu hinterfragen, wer eigentlich die Schuldigen sind: Wer sind die Politiker, die uns Jahr für Jahr tiefer in den Morast hineinwirtschaften?

Ich habe schon oft betont: Die Regierung ist das Management-Team des Landes. Wer sitzt in der Regierung? Sind das von uns Bürgern gewählte Vertreter?

Jeder weiß, dass die Führungsriege der ÖVP unter großem Einfluss von Banken und einiger Industrieller steht und dass die Gewerkschaften großen Einfluss auf die Führungsmannschaft der SPÖ ausüben.

Ich trete dafür ein, dass unsere Politiker nicht mehr von verschiedenen Machtblöcken entsandt werden, sondern in einem offenen und demokratischen Verfahren gewählt werden und dass sie für ihr politisches Handeln Verantwortung übernehmen! Nur dann werden sie diese Verantwortung gegenüber uns Bürgern und der nächsten Generationen auch ernst nehmen und ordentlich wirtschaften.

Und vielleicht, wenn wir eines Tages unseren Schuldenberg abgetragen haben, Wirtschaftswachstum genießen und Jahr für Jahr ein ausgeglichenes Budget verabschieden, brauchen wir eines Tages tatsächlich keine Ratingagenturen mehr.

Wie kommen Österreichs Politiker an die Macht?

Wir wissen, dass der größtmögliche Wohlstand in der freien Wirtschaft geschaffen wird. Jene Unternehmen mit den besten Produkten zu den besten Preisen sind erfolgreich. Der Erfolg des Unternehmens hängt maßgeblich davon ab, ob es gute und erfahrene Manager hat.

Selbstverständlich muss sich ein Unternehmen an die Gesetze halten, aber ein guter Manager zeichnet sich auch durch eine gewisse soziale Kompetenz aus. Er muss fair sein und es verstehen, die Mitarbeiter zu motivieren, damit sie beim Arbeiten mitdenken und auch das Herz mit dabei ist.

Fairer Wettbewerb und Konkurrenz sind die Grundlage dafür, dass die Wirtschaft überhaupt funktioniert, und nur so kann man Wohlstand und eine hohe Lebensqualität für die Bevölkerung schaffen. Fairer Wettbewerb sorgt für einen gewissen Druck – sowohl bei Managern als auch bei Mitarbeitern –, Dinge laufend besser zu machen.

In der Wirtschaft ist also meist leicht erkennbar: Wer gute Arbeit macht, kommt voran. Leistung wird belohnt.

Werfen wir nun einen Blick auf unsere politische Landschaft: Wer kommt hier voran?

Es ist ganz wichtig, dass wir Bürger erkennen, dass die Regierung das Management-Team unseres Landes ist. Es handelt sich aber nicht um die besten Manager, die, wie in der Wirtschaft, ständig unter Druck sind, gute Arbeit zu leisten, sondern unsere Politiker kommen meist durch parteiinterne Abmachungen an die Macht und verbleiben bis zur nächsten Wahl konkurrenzlos in ihrer Position. Die größte Sorge der Politiker ist, gewählt oder wiedergewählt zu werden. Den wenigsten geht es um das langfristige Interesse unseres Landes. Es mag sein, dass manche Politiker mit dem ständigen Schuldenmachen und anderen schlechten politischen Entscheidungen nicht einverstanden sind, aber sie fallen nicht auf, weil sie sich nicht äußern.

Wir alle wissen, dass auf der einen Seite die Industrie und insbesondere die Banken und diverse Bünde und auf der anderen Seite die Gewerkschaften großen Einfluss darauf haben, wer in welcher Partei

Karriere macht. Der politische Machtapparat ist weitgehend eine abgemachte Sache und wird praktisch von Wahl zu Wahl weitervererbt.

Dieses System ist höchstens scheindemokratisch und muss aufgebrochen werden! Auch in der Politik brauchen wir Wettbewerb und Konkurrenz, damit die besten Politiker vorankommen, nämlich jene, die auch die Wirtschaft verstehen. Denn wenn die Wirtschaft nicht funktioniert, dann funktioniert gar nichts.

Wer Parteichef werden möchte, soll kandidieren und von den Parteimitgliedern in demokratischer Weise gewählt werden, und genauso soll jeder Nationalratsabgeordnete in seinem Wahlkreis von den dort ansässigen Bürgern gewählt werden. Es ist wichtig, dass unsere Nationalratsabgeordneten dafür demokratisch legitimiert sind, uns zu vertreten. Derzeit bestimmen meist Banken und Gewerkschaften, wer in den Nationalrat und vor allem, wer in die Regierung kommt, nicht wir Bürger!

Österreich hat ein politisches Machterhaltungssystem, aufgebaut auf Freunderlwirtschaft und Inzucht. Es ist an der Zeit, dies zu ändern!

Wir brauchen bessere Strukturen anstatt eines inszenierten Klassenkampfes

Ich habe schon öfter darauf aufmerksam gemacht, wie unsere entscheidenden Politiker üblicherweise an die Macht kommen: Die einen werden von Banken, Bünden und den ÖVP nahen Kammern, die anderen von den Gewerkschaften und der SPÖ nahen Kammer gefördert.

Und entsprechend dieser Machtverteilung stellen sie sich jetzt die dringend notwendige Budgetsanierung vor, Hauptsache die eigene Wahlklientel wird nicht belastet. Schließlich ist die größte Sorge der Politiker, gewählt oder wiedergewählt zu werden. Für das langfristige Interesse unseres Landes scheint niemand zuständig zu sein.

Sie sagen, sie wollen heuer sparen und geben daher »nur« 9 Milliarden Euro mehr aus, als sie einnehmen. Und das Hauptaugenmerk vieler Politiker liegt auf neuen Steuerbelastungen, um die Budgetlöcher zu stopfen.

Nach vielen Jahren der Misswirtschaft und der Unfähigkeit, will man nun anscheinend vor allem jene zur Kasse bitten, die fleißig gearbeitet haben. Man wettert gegen Unternehmer, gut verdienende Manager und Vermögende. Wenn wir aber die guten Manager, die Vermögenden und Besserverdiener noch höher besteuern, ist zu befürchten, dass sie anderswo hingehen. Wir wollen doch aber die besten Manager und Unternehmer in Österreich behalten, denn sie sorgen für Arbeitsplätze in unserem Land.

Wir alle wissen, dass es mehr Arbeitnehmer als Arbeitgeber gibt. Arbeitnehmer kann es klarerweise nur geben, wenn es Arbeitgeber gibt. Wir brauchen viele private Arbeitgeber, schließlich kann der Staat nicht alle anstellen, denn er ist nicht produktiv, sondern verbraucht unser Steuergeld. Also brauchen wir Unternehmen, die von guten Managern geführt werden.

Die Arbeitnehmer sind aber eine größere Wahlklientel als die Arbeitgeber und somit ist es für Politiker wichtig, ihre Stimmen zu gewinnen. Durch diese Politik wird eine Art Klassenkampf inszeniert, und viele Menschen werden gegen Vermögende aufgebracht, um die misslungene politische Arbeit und die dadurch entstandene Budgetnot zu verschleiern.

Es sind nicht die Unternehmer und die gut bezahlten Manager schuld daran, dass unser Land so einen gewaltigen Schuldenberg aufgebaut hat, sondern die Politiker, die über viele Jahre schlecht gewirtschaftet haben, mit dem vorrangigen Ziel, ihre jeweilige Wahlklientel mit Zuwendungen zu versorgen, um ihre Wahl oder Wiederwahl sicherzustellen.

Anstatt in den Unternehmern, die private Arbeitgeber sind, den Sündenbock zu suchen, sollten wir lieber Rahmenbedingungen schaffen, die Arbeitgeber anziehen. Nur private Arbeitgeber können Arbeitsplätze schaffen, die dazu beitragen, den Wohlstand im Land anzuheben. Arbeitsplätze sind das Wichtigste in einem Land. Wenn der Staat noch mehr Arbeitsplätze schafft, bedeutet das noch mehr Verwaltung.

Mit den richtigen Strukturen könnte Österreich ein Vorzeigeland mit vielen konkurrenzfähigen Unternehmen werden, die vielen Menschen im Land Arbeit geben.

Unsere Politiker sollten uns Bürgern verantwortlich sein

Wir wissen, die Regierung ist das Management-Team eines Landes. Unglücklicherweise – und ich meine das nicht zynisch – besteht dieses Management-Team aus Politikern. Das Mandat eines Politikers ist, gewählt oder wiedergewählt zu werden. Unser Land wird also vorrangig nach diesen Gesichtspunkten geführt und nicht nach sozialökonomischen Grundsätzen.

Aus diesem Grund wurde ein gewaltiger Schuldenberg aufgetürmt und jetzt können sich die Politiker nicht einigen, wie wir aus der Misere wieder herauskommen können, und weisen sich gegenseitig die Schuld zu.

Ich kenne viele Politiker persönlich, die meisten sind sehr nette Menschen. Manche von ihnen haben aber noch nie in der Privatwirtschaft gearbeitet und verstehen daher nicht, wie man ordentlich budgetiert und nachhaltig wirtschaftet. Sie sind als Berufspolitiker im Staatsbetrieb aufgewachsen und haben keine praktischen Erfahrungen aus der Wirtschaft.

Andere haben vielleicht in der Privatwirtschaft gearbeitet und könnten einen Beitrag leisten, aber sie sind vermutlich im politischen System gefangen. Ich hoffe aber, dass viele jener Politiker die Probleme noch erkennen und dass sie sich gegen die Regierungsmitglieder auflehnen. Sie sollten sich äußern und darauf bestehen, dass wir rechtzeitig die richtigen Maßnahmen ergreifen, bevor wir den gleichen Weg wie Griechenland gehen.

Wenn ich sage, die Politiker sind im System gefangen, meine ich, dass unser politisches System eigentlich nur scheindemokratisch ist. Politiker werden nicht direkt gewählt, sondern müssen sich parteilinienkonform verhalten, damit sie auf die Liste gesetzt werden und dort bleiben können.

Statt dieses Systems brauchen wir Wettbewerb und Konkurrenz, damit die besten Politiker vorankommen, nämlich jene, die auch die Wirtschaft verstehen. Wenn die Wirtschaft nicht funktioniert, funktioniert gar nichts.

Wer Parteichef werden möchte, soll kandidieren und von den Parteimitgliedern in demokratischer Weise gewählt werden.

Auch unsere Abgeordneten müssen demokratisch legitimiert sein. Sie sollten direkt in dem Wahlkreis, in dem sie wohnen, zur Wahl antreten, und der Kandidat mit den meisten Stimmen der Bürger, die im selben Wahlkreis wohnen, soll Nationalratsabgeordneter werden.

Nur so weiß jeder Bürger, wer ihn vertritt, und kann denjenigen, je nachdem, ob gute oder schlechte Arbeit geleistet wurde, wieder wählen oder auch nicht. Die Bürger wissen nicht, wer im Parlament sitzt, und wie der- oder diejenige überhaupt ins Parlament gekommen ist. Derzeit bestimmen Banken, Bünde, Gewerkschaften und Kammern, wer im Parlament sitzt und vor allem wer Minister wird, nicht wir Bürger!

Kein Wunder, dass verantwortungslose Politik gemacht wird, dass die Ratingagentur zum Übeltäter gemacht wird und, dass alle anderen an der traurigen österreichischen Finanzlage schuld sind, aber nicht unsere Politiker!

Ohne ein klares Mandat vom Wähler und ohne dem Wähler gegenüber für die Arbeit verantwortlich zu sein, werden unsere Politiker weiterhin Schulden machen, damit sie Geschenke an ihre Wählergruppen machen können, um wiedergewählt zu werden, und sie werden sich weiterhin auf die erfolglose Personaleinteilung ihrer Einflüsterer verlassen.

Es ist keine Schande, Fehler einzugestehen

Alles weist darauf hin, dass die derzeitigen Strukturen in Österreich unser Land an den wirtschaftlichen und sozialen Abgrund führen werden. Unsere Regierung ist nicht in der Lage, gesunde Strukturen zu gestalten, und außerdem fehlt es bei vielen an Einsicht, dass es so nicht weitergehen kann.

Die Regierung in Österreich wird zu sehr von den Gewerkschaften und den Banken beeinflusst, dadurch wird sehr schlecht gewirtschaftet, über die letzten 30 Jahre wurde ein gewaltiger Schuldenberg angehäuft. Wenn eine Firma in der Privatwirtschaft so schlecht geführt wird, würde das Management von den Aktionären sofort entlassen werden.

Ich sage immer, Politiker sollten Erfahrung in der Privatwirtschaft haben, dann würden sie anders denken. Auch Geschäftsleute treffen von Zeit zu Zeit eine Fehlentscheidung. In der Regel erkennen sie das aber sehr bald und strengen sich dann besonders an, den Kurs wieder zu korrigieren.

Wenn ich auch die Politiker oft kritisiere, weiß ich doch, dass es auch Politiker gibt, die mit ihrer Parteilinie nicht einverstanden sind. Es ist keine Schande, Fehler einzugestehen, aber es ist eine Schande, wenn wissentlich schlechte Strukturen aufrechterhalten werden, nur um an der Macht zu bleiben.

Wir muessen jetzt dringend Maßnahmen ergreifen, um unseren Lebensstandard zu erhalten und zu verbessern, ohne uns dabei weiter zu verschulden:

Es ist nicht nur wichtig, Schulden abzubauen, wir brauchen auch Rahmenbedingungen, die Wirtschaftswachstum fördern. Wir brauchen ein vereinfachtes Steuersystem ohne Schlupflöcher und Privilegien.

Es ist dumm und unverantwortlich, dass österreichische Firmen ihre Investitionen im Ausland in Österreich von der Steuer abschreiben können. Das bedeutet große Steuerausfälle, und was noch viel schlimmer ist: Arbeitsplätze in Österreich gehen verloren. Stattdessen sollten Unternehmen, die ihren Gewinn in Österreich investieren, keine Steuer bezahlen, um einen Anreiz zu schaffen, neue Technologien und vor allem Arbeitsplätze im Inland zu sichern.

Außerdem muss die Kluft zwischen Arbeitern und Wohlhabenden kleiner werden, indem wir Arbeiter am Erfolg des Unternehmens beteiligen. Und schließlich müssen wir beginnen, die Bürger für Reformen miteinzubeziehen.

Unsere Regierung ist nicht willig zu erkennen, dass große Probleme auf uns zukommen. Die meisten Politiker scheinen nicht für einen Richtungswechsel bereit zu sein.

Ich hoffe, dass doch einige Politiker einsehen, dass sie nicht mit derselben Politik weiterwurschteln können. Ich würde mich freuen, wenn sie mit mir für einen Gedankenaustausch in Kontakt treten würden, um gemeinsam darüber nachzudenken, wie man aus dieser politischen Sackgasse herauskommen könnte.

Ich habe das Frank Stronach Institut für sozialökonomische Gerechtigkeit gegründet und hoffe, dass ich etwas dazu beitragen kann, Dinge in Bewegung zu setzen.

Verwaltung reduzieren – Konkurrenzfähigkeit steigern!

Unsere Verwaltung trägt nichts zur Wertschöpfung bei.

Wir werden von 183 Nationalräten, 63 Bundesräten, 14 Ministern und 4 Staatssekretären verwaltet, außerdem haben wir auch einen Bundespräsidenten. Darüber hinaus gibt es 9 Landeshauptleute und deren Stellvertreter, 84 Bezirkshauptmänner und deren Stellvertreter und 2357 Gemeindebürgermeister und deren Stellvertreter. Im Gesundheitssystem leisten wir uns 22 Sozialversicherungsträger plus den Hauptverband der Sozialversicherungsträger. Insgesamt also 23 Obmänner und 23 Obmann-Stellvertreter und eine Unzahl von Direktoren und Funktionären.

Weiters haben wir drei große Kammern: die Bundesarbeitskammer, die Wirtschaftskammer und die Landwirtschaftskammer, alle drei sind Dachverbände für die jeweils neun Landeskammern. Zusätzlich gibt es die Kammern der freien Berufe – dazu zählen z. B. die Ärztekammer, die Rechtsanwaltskammer, die Notariatskammer, die Kammer der Wirtschaftstreuhänder, die Apothekerkammer, die Architekten- und Zivilingenieurkammer. Jeweils mit Präsidenten, Präsident-Stellvertretung und einer Vielzahl an Direktoren und Funktionären, versteht sich.

Damit verbunden sind natürlich auch gewaltige Ausgaben für oft prunkvolle Bürogebäude und luxuriöse Dienstwagen.

Ich sage immer, wenn die Arbeiter in der Fabrikshalle noch so fleißig arbeiten, aber die Verwaltung zu groß ist, kann diese Firma nicht wettbewerbsfähig sein. Dann fressen die Verwaltungsunkosten die hart erarbeiteten Gewinne auf.

Ich betone immer, dass in einer zivilisierten Gesellschaft niemand der Sündenbock sein darf. Es ist nicht die Schuld der Staatsbediensteten, dass die Bürokratie so aufgebläht ist. Wir alle sind dafür verantwortlich, da wir ein zu starkes Anspruchsdenken gegenüber der öffentlichen Hand entwickelt haben und bei vielen Problemen sofort nach dem Staat als Problemlöser rufen. Aber der Staat kann uns nichts geben, was er nicht vorher von uns genommen hat!

Österreich ist überverwaltet.

Die Verwaltung produziert nichts und trägt nichts zur Wertschöpfung in unserem Land bei. Sie kostet aber Unmengen an Steuergeld und dient in vielen Fällen ihrer eigenen Machterhaltung.

Die wichtigsten Aufgaben des Staates sind die Erhaltung der inneren und äußeren Sicherheit. In einer zivilisierten Gesellschaft soll auch niemand Hunger leiden, obdachlos sein oder ohne medizinische Versorgung sein. Die Erfüllung dieser Minimalstandards zählt zu den Kernaufgaben des Staates.

Der Staat sollte sich auf diese Kernaufgaben konzentrieren und sie effizient erfüllen. Wir brauchen wesentlich weniger, dafür aber einfachere Gesetze und damit auch wesentlich weniger Verwaltung. Viele Posten könnten eingespart werden.

Anstatt durch überbordende Bürokratie daran zu arbeiten, die Wertschöpfung in der Privatwirtschaft zu erschweren, würden durch eine abgespeckte Verwaltung mehr Arbeitskräfte für wertschöpfende Tätigkeiten in der Privatwirtschaft zur Verfügung stehen.

Zwangsmitgliedschaft und Unkosten – wer braucht die Kammern?

Die Regierung beschloss das sogenannte »Sparpaket«. Es gibt 98 neue Gesetze und zahlreiche Protokollnoten, aber geändert hat sich nichts Wesentliches. Keine einzige echte Reform wurde eingeleitet.

Österreich braucht viele Reformen, vor allem im Steuersystem, im Bildungswesen, im Gesundheitswesen und in der Verwaltung. In meiner letzten Kolumne habe ich unter anderem auf das Kammernsystem hingewiesen: Wir haben drei große Kammern, nämlich die Bundesarbeitskammer, die Wirtschaftskammer und die Landwirtschaftskammer.

In der Nachkriegszeit galt die österreichische Sozialpartnerschaft als ein Musterbeispiel für die Beziehungen zwischen Unternehmern und Gewerkschaften, es gab kaum Streiks, und das war sehr wichtig für den Aufbau nach dem Krieg.

Dieses System ist nicht mehr zeitgemäß. Ich habe schon oft betont, dass ich nicht gegen Gewerkschaften bin. Aber wir müssen uns alle ändern, um konkurrenzfähig zu sein: Die Wirtschaft muss sich ändern, die Gewerkschaften müssen sich ändern und die Politik muss sich ändern. Wir müssen alle an einem Strang ziehen, um im globalen Wettbewerb erfolgreich zu sein.

Heute tragen die Kammern nichts zu unserer Wettbewerbsfähigkeit bei, im Gegenteil, sie nehmen uns Freiheit und vor allem Geld weg, das sowohl Arbeitnehmer als auch Unternehmer selbst besser investieren könnten.

Die Kammern sind zwar sogenannte Selbstverwaltungskörper, aber in Wirklichkeit werden sie durch SPÖ und ÖVP kontrolliert und gesteuert. Die Oppositionsparteien sind vom Prozess der Sozialpartnerschaft ausgeschlossen und die Debatten in der Regierung werden oft je nach Thema in die Kammern vorverlagert. Das ist scheindemokratisch, die Kammervertreter sind nicht vom Wahlvolk dazu legitimiert, Gesetze mitzuentscheiden.

Was noch dazukommt, ist die Finanzierung dieses Systems: Die Wirtschaftskammer ist laut Verfassung ein Selbstverwaltungskörper, die Mitgliedschaftsgebühren werden aber mit staatlichen Zwangsmitteln eingetrieben.

Bei der Arbeiterkammer wird der Pflichtmitgliedschaftsbeitrag »still« eingezahlt, der Betrag wird dem Arbeitnehmer einfach vom Gehalt abgezogen.

Auch in der Landwirtschaftskammer sind alle selbstständigen Bauern kraft Gesetz Mitglieder, sogar deren Familienmitglieder. Zusätzlich zu ihren Zwangsmitgliedsbeiträgen finanzieren alle Bundesländer ihre Landwirtschaftskammern mit großzügigen direkten und indirekten Beitragszahlungen und Förderungen. Die Landwirtschaftskammer Österreich ist auch Teil der Sozialpartnerschaft. Mitglieder sind die neun Landes-Landwirtschaftskammern und der Österreichische Raiffeisenverband.

In Wirklichkeit sind die Kammern wichtige Vorfeldorganisationen von SPÖ und ÖVP, haben gewaltige Personalkosten, Fuhrparks und residieren in prunkvollen Gebäuden.

Für alle diese Kammern gilt die Zwangsmitgliedschaft. In einer Demokratie sollte jeder Mensch selbst entscheiden können, ob er gerne bei einem Verein dabei wäre oder nicht.

Unkündbare Positionen gehören abgeschafft

Wir brauchen einen schlanken Staat, der gut und effizient geführt wird. Unsere Verwaltung mit ihrem gewaltigen Beamtenapparat ist zu aufgeblasen, und oft wird nicht gut zusammengearbeitet.

Wir haben 183 Nationalratsabgeordnete und 14 Minister, die die Regierung bilden. Die Minister haben ihre vertrauten Kabinettsmitarbeiter und einen gewaltigen Beamtenapparat, mit dem sie für die Umsetzung ihrer Politik arbeiten müssen. Diese Beamten sind zum Großteil pragmatisiert. Das heißt, egal, welche Partei gewählt wird und egal, welcher Minister eingesetzt wird, jeder muss mit den gleichen Leuten im Ministerium weiterarbeiten.

Meistens werden Parteien aufgrund ihres Programmes und ihrer Versprechungen gewählt. Oft ist es leider so, dass die Versprechungen nicht umgesetzt werden. Teils, weil sie einfach nicht realistisch waren, und teils, weil aufgrund der Koalitionsbildung Kompromisse gefunden werden müssen. Regelmäßig ist es aber auch so, dass Minister gar nicht so handeln können, wie sie gerne möchten, weil sie Beamte in ihrem Ministerium haben, die sie nicht unterstützen, im Gegenteil, die sie sogar manchmal aufs Glatteis führen.

Ich meine, dass jeder Minister, genauso wie jeder Manager in der Privatwirtschaft, seine Mitarbeiter aussuchen können soll, damit er sein Programm, für das er schließlich gewählt wurde, auch umsetzen kann. Der Minister trägt letztendlich die Verantwortung und muss für die Versprechungen, die während des Wahlkampfes gemacht wurden, in der Öffentlichkeit geradestehen und steht natürlich ständig unter Beobachtung durch die Opposition.

Es ist nicht richtig, dass Mitarbeiter des Ministeriums pragmatisiert sind und nicht ausgewechselt werden können.

Das wäre so, wie wenn ein Fußballverein einen neuen Fußballtrainer engagiert und jeder erwartet sich den Cup-Sieg, aber der neue Trainer darf keinen einzigen Spieler auswechseln.

Oder es wäre so, wie wenn ein Hotelbesitzer, dessen Hotel Verluste macht, einen neuen Manager einstellt, mit dem Auftrag, bald wieder in den schwarzen Zahlen zu sein. Dann sagt er dem Manager aber, dass er weder den Koch, der immer die Suppe versalzt, noch den unfreundlichen Kellner, der die Gäste schlecht bedient, entlassen darf.

Es ist völlig absurd, einen neuen Manager einzustellen und sich gute Leistungen zu erwarten, wenn er in Personalfragen nichts zu bestimmen hat.

Heutzutage muss jeder seine Arbeit gut und gewissenhaft erledigen, um seine Stelle zu behalten. Pragmatisierte Positionen, die unabhängig von der Leistung und von der Loyalität dem Arbeitgeber gegenüber gesichert sind, gehören abgeschafft.

Eine Ausnahme könnten die Richter bilden. Sie müssen vor Willkür und vor allem politischer Einflussnahme geschützt werden, damit die unabhängige Rechtsprechung gewährleistet ist und kein politischer Druck ausgeübt werden kann.

Gesundheitssystem reformieren

Die Gesundheit ist das wertvollste Gut jedes Menschen, das weit über allen materiellen Dingen steht. Das Gesundheitssystem ist daher eines der wichtigsten Fundamente eines Landes.

Die Kosten unseres Gesundheitssystems steigen ständig an, aber die Leistungen gehen zurück, die Wartezeiten werden länger. Die Menschen werden immer älter und zudem gibt es auch aufgrund demografischer Entwicklungen immer mehr alte Menschen, die zu versorgen sind. Wir müssen uns ernsthafte Gedanken machen, wie wir Kosten senken, dafür aber Qualität und Service verbessern können.

Die Gesundheitsausgaben werden überwiegend aus öffentlichen Mitteln – und zwar aus Sozialversicherungsbeiträgen und Steuergeldern – finanziert. Ein kleinerer Teil wird auch durch private Beiträge wie zum Beispiel die Rezeptgebühr und das Taggeld bei Spitalsaufenthalten geleistet.

Laut Budgetvoranschlag für 2012 betrugen Österreichs Staatsausgaben 73 Milliarden Euro, alleine für soziale Wohlfahrt und Gesundheit sind 27 Milliarden Euro veranschlagt, das sind fast 40% der gesamten Bundesausgaben! Die Ausgaben der Bundesländer sind hierbei noch gar nicht eingerechnet, auch sie geben mehrere Milliarden aus, auch weil sie jährlich die erheblichen Verluste der Krankenanstaltengesellschaften ausgleichen müssen.

Es gibt drei Hauptgründe, warum unser Gesundheitssystem so teuer ist: erstens die Verwaltung, zweitens die Organisation des Systems an sich und drittens setzen wir mit der Betreuung viel zu spät an, nämlich meist erst, wenn der Mensch erkrankt ist.

Zum ersten Kostenfaktor: Ich habe schon oft darauf hingewiesen, dass Österreich überverwaltet ist. Das trifft insbesondere auch für unser Gesundheitssystem zu. Wir leisten uns 22 Sozialversicherungsträger plus den Hauptverband. Insgesamt also 23 Obmänner mit 23 Obmann-Stellvertretern und einer Unzahl von Direktoren und Funktionären, die alle in vielen großen Gebäuden in bester Lage residieren. Es gibt unzählige verschiedene Kassen mit unterschiedlichen Zuständigkeiten, und das jeweils neun Mal, nämlich extra für jedes Bundesland.

Der zweite Kostenfaktor beruht auf der Organisation des Gesundheitssystems an sich, es handelt sich um ein zentralistisches, fast planwirtschaftliches System. Immer, wenn der Staat den Wettbewerb ausschaltet, ist das Ergebnis ineffizient und teuer. Da der Staat die Preise im öffentlichen Gesundheitssystem festlegt und hier den Wettbewerb über den Preis nicht zulässt, bleiben die Kosten hoch.

Drittens ist unseres Gesundheitssystems nicht auf die Gesundheitserhaltung ausgerichtet, sondern ist ein System der Krankenversorgung. Wir sollten ein größeres Augenmerk auf die Vorsorge legen.

Das fängt schon in den Schulen an. Wir sollten den Schulsport fördern und die Kinder für gesunde Nahrung begeistern. Viele Folgeleiden, Folgeschäden und Unkosten könnten so vermieden werden und mehr Menschen könnten gesünder älter werden.

Die beste medizinische Versorgung

Unlängst war ich wieder einmal in der schönen Steiermark. Die Magna hat ungefähr 12 000 Mitarbeiter in der Steiermark, die meisten in der Nähe von Graz.

Vor vielen Jahren haben wir unsere Magna-Unternehmensverfassung und auch eine Mitarbeiter-Charta eingeführt, weil ich der Ansicht bin, dass das Management jeden Tag aufs Neue beweisen muss, dass es sich um die Mitarbeiter kümmert und sorgt.

Aus diesem Grund habe ich mir auch Gedanken um die gesundheitliche Versorgung unserer Mitarbeiter gemacht. Ich bin der Ansicht, dass Prävention sehr wichtig ist. Mit richtiger Ernährung, Bewegung und zeitgerechten Vorsorgeuntersuchungen lassen sich bestimmt viele ernsthafte Krankheiten vermindern oder überhaupt vermeiden.

Ich würde gerne ein hochmodernes Präventions- und Diagnosezentrum aufbauen, das ein Vorzeigemodell in ganz Europa sein könnte. Wir könnten die modernsten Geräte, die neuesten Einrichtungen und die besten Ärzte aus verschiedensten Fachgebieten anziehen, die in diesem Zentrum alle wichtigen Präventions- und Diagnoseleistungen anbieten, und das alles an einem Ort und die Leistung möglichst an einem Tag!

Unser derzeitiges Gesundheitssystem ist nicht effizient organisiert. Oft muss man tage- oder sogar wochenlang auf den richtigen Spezialisten warten und wird von einer Stelle zur anderen geschickt. Man kann davon ausgehen, dass bei jedem Arztbesuch der halbe Tag weg ist, von der Fahrzeit und Parkplatzsuche ganz abgesehen. Ich stelle mir vor, dass ein sogenannter »one stop shop«, wo alle Spezialisten und Geräte in einem Haus sind, wesentlich angenehmer und zeitsparender ist. In so einem Modell könnte man auch erhebliche Verwaltungskosten einsparen, weil alle Ärzte gemeinsam die Infrastruktur nutzen würden.

In der letzten Kolumne habe ich schon auf die gewaltigen Kosten unseres Gesundheitssystems hingewiesen, die ineffiziente und aufgeblasene Verwaltung ist dabei ein großer Kostenfaktor. Ein anderer großer Kostenfaktor ist die Organisation des Gesundheitssystems an sich: Es ist ein zentralistisches System, das aufgrund einer unerklärlichen und unlogischen Zuständigkeitsaufteilung zwischen Bund und Ländern völlig unflexibel ist. Der Beweis, dass es nicht gut funktioniert, sind die ständig steigenden Kosten und die ebenso steigenden Wartezeiten für Patienten. Die Gesundheitskosten explodieren und viele Leistungen sind einfach nicht mehr finanzierbar.

Ich bin bereit, viel Geld in ein modernes Präventions- und Diagnostikzentrum zu investieren, das wäre für mich ein sozialökonomisches Projekt. Dieses Zentrum würde ein Beispiel setzen für die beste Leistung zum besten Preis, aber das österreichische Gesundheitssystem legt sehr viele Steine in den Weg. Wettbewerb scheint nicht erwünscht zu sein. Dabei müssen wir wissen: Nur durch fairen Wettbewerb kann man Kosten senken und Leistung verbessern.

Ich hoffe, dass die richtigen Rahmenbedingungen geschaffen werden, die die bestmögliche und kosteneffizienteste medizinische Versorgung der österreichischen Bevölkerung gewährleisten können.

Ein Wegweiser für Österreich

Ich verbrachte im März 2012 fast drei Wochen in Österreich. Es war eine sehr arbeitsintensive Zeit für mich mit zahlreichen Terminen, unter anderem auch mit drei Besuchen an Universitäten. Ich war an der Uni Innsbruck, an der WU in Wien und an der Grazer Uni, um mit Studenten über die Zukunft unseres Landes zu sprechen.

Die Veranstaltungsräume waren immer zum Bersten voll, und es freut mich, dass sich so viele junge Menschen für politische Themen und vor allem für neue Lösungsmöglichkeiten interessieren. Ich habe schon öfter gesagt: Ich mache mir große Sorgen um Österreich.

Wir befinden uns auf keinem guten Weg, und ich möchte vor allem den jungen Leuten die Augen öffnen und ihnen aufzeigen, dass wir Dinge ändern müssen, wenn wir eine gute Zukunft haben wollen. Es macht mir große Freude, mit den jungen Menschen zu diskutieren, viele haben sich selbst bereits Gedanken gemacht und wir bekommen auch Hunderte von Zuschriften über unsere Website www.stronach-institut.at.

Man sieht, dass eine gewisse Aufbruchsstimmung im Land herrscht. Die Bürger merken, dass es mit unserem Land so nicht weitergehen kann. Immer mehr Schulden, immer mehr Steuern und immer weniger Lösungen. Dafür aber viel Korruption, die ein übler Ausfluss des Systems ist.

Die Bürger wissen, dass sie im derzeitigen System kaum Einfluss auf die Entwicklungen in unserem Land haben. Wir haben eine Scheindemokratie und jene, die an der Macht sind, bereiten uns keinen guten Weg. Wir brauchen ein System, in dem die Bürger wissen, dass sie etwas zu mehr Demokratie und sozialökonomischer Gerechtigkeit beitragen können.

Wir haben sehr viele Vorschläge, Ideen und Einladungen zugeschickt bekommen, und so gerne ich mich auch mit allen interessierten Menschen für einen Gedankenaustausch zusammensetzen würde, ist es schier unmöglich, das persönlich zu tun.

Meine Broschüre und die Informationen auf der Website des Frank Stronach Instituts für sozialökonomische Gerechtigkeit sollen ein Wegweiser sein, wie man die Dinge in Österreich zum Positiven wenden könnte.

Ich habe sehr viel Erfahrung im Laufe meines Lebens gesammelt. Ich war jahrelang in Aufsichtsräten von Banken, am NASDAQ, großen Krankenhäusern, Universitäten und verschiedenen Sozialorganisationen. Aus diesem Grund verstehe ich die vielschichtigen Probleme, die wir in Österreich zu lösen haben. Hoffentlich kann ich einen Beitrag für eine bessere Zukunft in unserem Land leisten.

Mehr Verantwortungsbewusstsein für Österreichs Regierung!

Ich freue mich sehr über das rege Interesse der Bürger an einer politischen Erneuerung für Österreich. Hunderte Bürger senden uns Ideen und viele kommentieren meine Vorschläge auf unserer Website www.stronachinstitut.at.

Ich sagte schon öfter, die Regierung ist das Management-Team eines Landes und offensichtlich würden sich viele Bürger über ein besseres Management-Team freuen. Wir müssen darüber nachdenken, wie wir die verkrusteten Strukturen in unserem Land aufbrechen können, beginnend beim Gesetzgeber.

Vor nicht allzu langer Zeit war ich in einem sehr netten Restaurant in Aurora, wo ich wohne, wenn ich in Kanada bin. Aurora hat ungefähr 50 000 Einwohner und gilt als Kleinstadt. Gerade als ich mich setzen wollte, sah ich einen Parlamentsabgeordneten und wir plauderten ein wenig.

Anschließend setzte ich mich mit meinen Gästen an einen Tisch, der Abgeordnete nahm an der Bar Platz. Im Laufe des Abends konnte ich beobachten, wie sich einige andere Gäste im Restaurant mit dem Abgeordneten unterhielten. Manche kannten ihn sicher aus der Schule oder aus der Nachbarschaft, aber viele kannten ihn bestimmt, seit er seinen Wahlkreis im Parlament vertritt. Er hat ein Büro im Ort, wo er außerhalb der Parlamentssitzungszeit Sprechstunden abhält. Jeder Bürger kann kommen und über politische Themen sprechen und seine Anliegen deponieren.

Der Grund, warum ich das erzähle, liegt darin, dass ich darauf hinweisen möchte, dass unsere Politiker mehr Verantwortungsbewusstsein brauchen. Ich habe öfter gesagt, ich trete dafür ein, dass sich unsere Abgeordneten zum Nationalrat in dem Wahlkreis, in dem sie leben, zur Wahl stellen sollen. Dann wissen die Bürger, wer sie vertritt. Wenn ein Abgeordneter schlechte Gesetze mitverabschiedet und schlechte Politik betreibt, wird er sich beim nächsten Gasthausbesuch in seinem Heimatort bestimmt rechtfertigen müssen, da die Bürger ihn kennen und vermutlich zur Rede stellen werden.

Wir sollten einen Blick darauf werfen, wer eigentlich in unserem Nationalrat sitzt: Wir haben 183 Abgeordnete, darunter viele Berufspolitiker. Einer Information über die Begrenzung der Bezüge öffentlicher Funktionäre entnehme ich, dass 42 Nationalräte überhaupt keinen weiteren Beruf ausüben und fast alle, die einen weiteren Beruf ausüben, sind in einem Staats- oder staatsnahen, Landes- oder landesnahen, Gemeinde- oder gemeindenahen Betrieb beschäftigt. Einige andere arbeiten bei der Raiffeisen-Gruppe oder bei der Gewerkschaft. Die wenigsten sind unabhängig.

Das muss sich ändern. Politiker zu sein heißt, seinem Land zu dienen, und sollte eine ehrenhafte Aufgabe sein. Daher sollte es auch einen Ehrenkodex geben: Politiker sollen sich verpflichten zurückzutreten, wenn sie ihre Versprechen brechen. Sie sollten ihrem Land für eine, maximal für zwei Legislaturperioden dienen und dann wieder in ihren bürgerlichen Beruf zurückkehren und mit all den von ihnen geschaffenen Rahmenbedingungen und Gesetzen leben.

Ich bin davon überzeugt, dass dies die Regierungsarbeit besser, ehrlicher und bürgernäher machen würde.

Bürgervertreter als Balance

Balance ist ein ganz wichtiger Begriff für mich, und eigentlich betrifft er alle Lebensbereiche: Es ist wichtig, als Person ausbalanciert zu sein. Wir brauchen auch eine gewisse Balance im Geschäftsleben und schließlich sollten wir auch Balance in der Politik anstreben.

Ich bin, glaube ich, ein sehr gut ausbalancierter Mensch. Ich arbeite viel und gerne, ich betreibe gerne Sport und von Zeit zu Zeit genieße ich auch Entspannung mit Familie und Freunden. Körper und Seele harmonieren, und das ist besonders wichtig.

Im Geschäftsleben haben die Manager die große Herausforderung, die Balance zwischen kurzfristigen Finanzergebnissen und langfristigem wirtschaftlichen Erfolg des Unternehmens zu finden, genauso wie sie eine Balance der Interessen der Mitarbeiter, der Investoren und der Manager selbst finden müssen, damit sich das Rad optimal dreht.

Auch in der Politik müssen wir versuchen, eine gute Balance für unsere Demokratie zu finden.

In diesem Zusammenhang denke ich, dass eine unabhängige Bürgervertretung eine wichtige Rolle spielen könnte. Diese sollte im Parlament zu den wichtigsten Themen Vorschläge einbringen. Sie könnte dazu beitragen, dass Regierungen weniger auf parteipolitische, dafür mehr auf die langfristigen Interessen des Landes Rücksicht nehmen.

Es gibt so viele reformbedürftige Themen in Österreich, wie z. B. das Bildungswesen, das Gesundheitswesen, Sicherheitsthemen, Umwelt- und Einwanderungspolitik.

Diese wichtigen Themen sollen öffentlich diskutiert werden, aber ohne »politische Show« und tagespolitische Streiterei der Parteien, die sich jeweils für ihre Wählergruppe, aber meist ohne politischen Weitblick für gewisse Standpunkte einsetzen.

Die Einbindung normaler Bürger mit gutem Hausverstand in den politischen Entscheidungsfindungsprozess würde wesentlich dazu beitragen, die verschiedenen Interessengruppen und Machtapparate auszubalancieren.

Für die Bestellung der Bürgervertreter schlage ich vor, dass wir uns an einem bewährten System orientieren – dem Geschworenensystem bei Gericht. Bürgervertreter sollten durch ein System geheimer Abstimmungen vor parteipolitischen Einflussnahmen geschützt werden. Sie wären nur dem eigenen Gewissen verpflichtet.

Die Bürgervertreter könnten auch dazu beitragen, dass alternative Gesetzesvorschläge erarbeitet werden. Heute ist es leider oft so, dass Vorschläge reflexartig abgelehnt werden, nur weil sie von anderen Parteien kommen, ohne dass eigene Verbesserungsvorschläge gemacht werden.

Ich weiß, dass meine Idee noch verfeinert und im Detail diskutiert werden muss. Mir geht es aber darum, einen Nachdenkprozess anzuregen, um unser System zu verbessern.

Ich bin davon überzeugt, dass die Einbindung von Bürgern die politische Arbeit offener und ehrlicher machen würde und dass wir damit unsere Politik und unsere Gesellschaft besser ausbalancieren können.

Eine geistige Revolution für Österreich!

Unser Land steckt in einer Krise – Korruption erschüttert das Vertrauen in die Politiker. Wir brauchen mehr Demokratie, einen kleineren Verwaltungsapparat und müssen Schulden abbauen!

Ich blättere regelmäßig verschiedene österreichische Tageszeitungen und Magazine durch. Das mache ich auch gerne, wenn ich in Kanada bin, weil ich mich immer wieder freue, die Nachrichten und die neuesten Informationen aus Österreich zu erfahren. In letzter Zeit aber lese ich immer nur von verschiedenen politischen Prozessen vor Gericht, vom Untersuchungsausschuss, von Bestechung und mangelnder Transparenz. Österreich befindet sich wohl in einer echten Korruptionskrise und das Vertrauen der Bevölkerung in die Politik ist verständlicherweise erschüttert.

So kann es nicht mehr weitergehen. Wir befinden uns auf keinem guten Weg, und ich möchte dabei helfen, den Menschen die Augen zu öffnen und aufzuzeigen, dass wir Dinge ändern müssen, wenn wir eine gute Zukunft haben wollen.

In der »Kronen Zeitung« zum Staatsfeiertag 2012 verteilten wir die Broschüre des Frank Stronach Instituts für sozialökonomische Gerechtigkeit www.stronachinstitut.at, die meine Grundsätze und Lösungsvorschläge erklärt.

Von meinem Engagement in Österreich erhoffe ich mir:

- Mehr Demokratie und weniger Parteipolitik
- Wirtschaftswachstum fördern und Schulden abbauen
- Die aufgeblasene Verwaltung abbauen
- Ein vereinfachtes und gerechtes Steuersystem, das Wirtschaftswachstum fördert
- Die soziale Kluft zwischen Arbeitgebern und Arbeitnehmern verringern
- Frieden und Wohlstand in Europa, aber ohne Zentralismus und Zwangsverwaltung aus Brüssel

Erfreulicherweise haben sich viele Menschen bereits selbst Gedanken gemacht, wir bekommen Hunderte von Zuschriften über unsere Website. Ich lade Sie herzlich ein, sich in die Diskussion in Form von Blogs und Kommentaren einzubringen.

Es braucht ein anderes Denken und Handeln und auch gewisse moralische Werte, um Österreich wieder auf ein gutes Fundament zu führen. Wir brauchen ein System, das die Bürger mit einbindet. Innerhalb der nächsten Wochen starten wir deshalb eine weitere Website: www.reformprojekte.at. Auf dieser Website kann jeder Reformvorschläge einreichen, die in einer breiten Öffentlichkeit von anderen interessierten Bürgern diskutiert und ausgearbeitet werden können.

Durch diese »Online-Beteiligung« werden wir die aktive Teilnahme von Bürgern an Prozessen in Politik und Verwaltung ermöglichen. Durch die interaktive Zusammenarbeit werden neue Ideen diskutiert, Dialoge geführt, vorhandenes Wissen vernetzt und neue Zielgruppen erreicht.

Ich hoffe sehr, dass es ein Umdenken in unserem schönen Land geben wird und wir gemeinsam den Weg für eine gute Zukunft ebnen können.

Die Erfahrung der älteren Generation nutzen

Wir haben schon Hunderte ermunternde Zuschriften auf www.stronachinstitut.at erhalten.

Anfang Mai 2012 kam ich wieder für zwei Wochen nach Österreich und bei herrlichem Wetter habe ich an den Wochenenden im Magna Racino in Ebreichsdorf beim großen Springpferdeturnier zugeschaut. Es haben 1000 Pferde aus 32 Nationen teilgenommen und das Turnier war ein großer Erfolg mit ungefähr 2500 Zusehern.

Pferde sind unglaublich elegante Tiere, und es ist mir immer wieder ein Vergnügen, ihnen zuzusehen, wenn sie springen, laufen oder einfach nur auf der Koppel grasen.

Ich habe bei diesem Springturnier viele Menschen getroffen und wurde natürlich oft auf meine Broschüre »Eine geistige Revolution für Österreich« angesprochen. Die Österreicher erkennen, dass es so nicht weitergehen kann mit unserem Land.

Mir ist aufgefallen, dass unsere Post von Menschen unterschiedlichster Ausbildung, Berufsgruppen und Alters stammt. In meiner
Broschüre und bei meinen Vorträgen auf den Universitäten, habe ich
ja insbesondere die jüngere Generation angesprochen und aufgefordert, etwas zu tun. Mein Hauptmotiv war und ist, die Jugend zu motivieren und zum Nachdenken anzuregen.

Ich weiß, es gibt in jeder Altersgruppe Menschen, die sich für Gerechtigkeit und eine positive Veränderung einsetzen. Es freut mich
daher ganz besonders, dass wir so viele Zuschriften von Menschen
jeder Altersgruppe bekommen. Es sind besonders viele Pensionisten
dabei, die mich ermuntert haben, auf sie zu zählen. Sie haben schließlich unser Land und unseren Wohlstand aufgebaut und wissen oft
aus eigener bitterer Erfahrung, wie hart sie für den Aufbau arbeiten
mussten. Nun sorgen sie sich um die Zukunft ihrer Kinder und Enkelkinder und möchten etwas dazu beitragen, dass Österreich wieder
einen guten Weg einschlägt, nämlich einen ohne Schulden und Wohl-
standsverlust.

Ich habe ja auch ein gewisses Alter und freue mich sehr, dass es
viele Menschen gibt, die einen wertvollen Beitrag leisten können und
wollen!

Ein Bürgerweisenrat für Österreich

*Seit wir unsere Broschüre herausgebracht haben und viele Leute unsere
website www.stronachinstitut.at und auch unsere Facebook-Seite www.
facebook.at/stronachinstitut besucht haben, bekamen wir Hunderte von
ermunternden Zuschriften.*

Einige Leute haben uns aufgefordert, das System der Bürgerbetei-
ligung genauer zu beschreiben, eine Aufforderung, der ich gerne
nachkomme:

Wir Bürger müssen uns dessen bewusst sein, dass die Regierung
das Management-Team unseres Landes ist. Unglücklicherweise – und
ich meine das nicht zynisch – besteht dieses Team aus Politikern. Das
Mandat eines Politikers ist, gewählt oder wiedergewählt zu werden.

Das heißt, das Land wird hauptsächlich durch politische anstatt durch sozialökonomische Überlegungen geführt. Es handelt sich um ein Machterhaltungssystem.

Schon Churchill, der große britische Staatsmann, sagte, dass es nicht funktionieren kann, wenn es nur Politik im Abgeordnetenhaus gibt. Ich teile diese Ansicht. Wie können wir das politische Managementsystem mit sozialökonomischem Denken ausbalancieren? Wir brauchen Bürgervertreter im Parlament!

Es gibt wenig langfristig sinnvolle Entscheidungen durch die Regierungsparteien, weil sie in einer Koalition arbeiten. Entweder ist der gemeinsam erarbeitete Vorschlag ganz verwässert oder es wird eine Art Kuhhandel betrieben, dass, wenn der eine hier zustimmt, dafür der andere dort zustimmt. Alles beruht immer auf der Sorge der Politiker: »Was muss ich tun, um bei der nächsten Wahl wiedergewählt zu werden?«

Auch die Opposition nimmt oft keine konstruktive Rolle ein: Die Regierungsparteien wissen, wenn sie einen Vorschlag machen, werden sie von der Opposition sofort kritisiert.

Ich fände es besser, wenn die Partei mit den meisten Stimmen die Regierungspartei ist, alle anderen Parteien stünden in Opposition.

In diesem System müssten sowohl die Regierungspartei als auch die Oppositionsparteien konstruktive Vorschläge einbringen. Die Bürgervertreter würden den besseren Vorschlag unterstützen. Auch die Opposition würde so mehr Verantwortung für die Führung des Landes tragen.

Die Einbeziehung von Bürgervertretern wäre ein gewaltiger Schritt in ein besonders demokratisches System. Weniger Partei- und Tagespolitik und dafür mehr an sozialökonomischem und langfristigem Denken.

In der nächsten Kolumne werde ich erklären, wie dieses System in der Praxis funktionieren könnte.

Bürgervertreter könnten helfen, die Politik zu »entpolitisieren«

Vor kurzem habe ich die Idee unabhängiger Bürgervertreter ange-sprochen. Jetzt möchte ich näher darauf eingehen, warum ich da-von überzeugt bin, dass die Einbindung von Bürgervertretern ein ge-waltiger Schritt in Richtung einer gut funktionierenden Demokratie wäre.

Wir wissen, dass in unserem politischen System keine nachhalti-gen und langfristig sinnvollen Entscheidungen für unser Land getroffen werden, weil sich die Politiker mehr um ihre Wahl bzw. Wiederwahl sorgen als um unser Land.

Die Politiker bringen aus zwei Hauptgründen selten gute Vorschlä-ge ein: Erstens bestimmen gewisse Machtblöcke, welche Personen in den Nationalrat und in die Regierung kommen. Nämlich solche, die sich nicht gegen die Interessen des jeweiligen Machtblockes auflehnen und die nicht unbequem werden.

Zweitens trauen sich viele Politiker nicht, mutige Vorschläge zu machen, weil sie genau wissen, dass sie von den Vertretern der ande-ren Parteien sofort kritisiert werden.

Kritisieren ist aber immer leichter, als selbst konstruktiv etwas bei-zutragen. Die Kritiker müssen daher in die Verantwortung mitein-bezogen werden, und ich glaube, Bürgervertreter könnten hier eine wichtige Rolle spielen.

Bürgervertreter könnten dazu beitragen, dass die Politiker weniger auf parteipolitische und mehr auf langfristige Interessen des Landes Rücksicht nehmen.

Für die Bestellung der Bürgervertreter schlage ich vor, dass wir uns an einem bewährten System orientieren – dem Geschworenensystem bei Gericht. Mittels eines Zufallsgenerators würde aus jedem Wahl-bezirk eine Liste von 20 Kandidaten mit einwandfreiem Leumund erstellt werden. Diese Kandidaten hätten, sofern sie Bürgervertreter werden wollen, Gelegenheit, sich in ihrem Wahlkreis mit ihrem Le-benslauf zu präsentieren. Die Bürger würden den Vertreter für ihren Wahlkreis mit einfacher Mehrheit wählen.

Bürgervertreter müssten mindestens 35 Jahre alt sein. Dieses Mindestalter kennen wir schon aus der Bundesverfassung. Es ist das Mindestalter, um sich für das Amt des Bundespräsidenten zu bewerben. Diese Voraussetzung sichert, dass Bürgervertreter schon eine gewisse Erfahrung in ihrem Leben gesammelt haben. Ihrem Lebenslauf kann man entnehmen, ob sie Erfahrung in der Medizin, in Bildung, Immigration bzw. Integration, Umweltthemen etc. haben. Je nach sachpolitischem Thema im Parlament kann man annehmen, dass sie aufgrund ihrer Erfahrung Wertvolles zur Diskussion beitragen könnten.

Es ist anzunehmen, dass die Bürger eine angesehene Person aus ihrem Wahlkreis wählen werden. Eine Person, die schon etwas geleistet hat und die einen guten Charakter hat. Ich glaube kaum, dass die Bürger zum Beispiel einen Arbeitsunwilligen oder jemanden, der Teil des politischen Systems ist, wählen werden. Denn sie wissen: Wenn man den Sumpf trockenlegen will, hat es keinen Sinn, die Frösche um ihre Zustimmung zu fragen.

Bald möchte ich darlegen, wie ich mir den politischen Ablauf unter Einbeziehung der Bürgervertreter vorstelle.

Von der Kritik- zur Ideenregierung

Österreich hat ungefähr 8,5 Millionen Einwohner und 183 Nationalräte. Zum Vergleich, Kanada hat bei 32 Millionen Einwohnern nur 309 Parlamentsabgeordnete.

Wir brauchen keine 183 Nationalräte, die Hälfte würde leicht ausreichen. Österreich ist in 43 Wahlkreise gegliedert, daher wäre ein logischer Vorschlag, zwei Nationalratsabgeordnete pro Wahlkreis einzusetzen, das wären 86 Personen. Die Wahlkreise sollten je nach Bevölkerungsdichte ungefähr gleich groß sein.

Pro Wahlkreis soll außerdem ein Bürgervertreter bei wichtigen Themen mitstimmen. Die Themen sollten jedenfalls Budgetfragen umfassen, es handelt sich vielleicht um 20 Tage im Jahr, an welchen sie aktiv im Parlament tätig wären. Eine ihrem Einkommensausfall angemessene Aufwandsentschädigung soll bezahlt werden.

Ich stelle mir vor, dass die Partei mit den meisten Stimmen die Regierungspartei formt, alle anderen Parteien stünden in Opposition. Sowohl die Regierungspartei als auch die Oppositionsparteien bringen Gesetzesvorschläge ein und erklären den Bürgervertretern ihre Standpunkte mit dem Ziel, sie von ihren Lösungsvorschlägen zu überzeugen.

Bürgervertreter stimmen im Geheimen ab, damit sie vor parteipolitischem Einfluss geschützt sind. Sie sollen nur dem eigenen Gewissen verpflichtet sein und ihre Erfahrung und ihr Sachwissen nutzen. Ich bin sicher, dass sie mit ihrem Verstand und mit ihrem Herzen stimmen würden, weil sie sich fragen würden, welche Lösung gut für sie, ihre Familien und ihre Kinder wäre.

Der Vorschlag, für den sowohl die Mehrheit der Parlamentarier als auch die Mehrheit der Bürgervertreter gestimmt hat, gilt als angenommen. Wird sowohl der Vorschlag der Regierungspartei als auch jener der Oppositionsparteien abgelehnt, müssen verbesserte Entwürfe präsentiert werden. Sollten die Bürgervertreter mehrheitlich für einen Vorschlag der Opposition stimmen, kann die Regierungspartei ihren Vorschlag abändern und erneut abstimmen lassen. Sollte dreimal kein Vorschlag angenommen werden, würde es Neuwahlen geben.

Die verpflichtende Einbringung von Vorschlägen auch seitens der Opposition ist ein wichtiges Element meiner Idee, da die Opposition so gezwungen wäre, aus der Rolle des reinen Kritikers herauszugehen. Heute ist es leider oft so, dass Vorschläge reflexartig abgelehnt werden, nur weil sie von anderen Parteien kommen.

Ich weiß, dass meine Idee noch verfeinert und im Detail diskutiert werden muss. Ich bin aber davon überzeugt, dass das Einbeziehen von Bürgern die politischen Entscheidungsprozesse demokratischer und bürgernäher machen würde.

Stimmenkauf durch Politiker

Als ich unlängst die Zeitung aufschlug, staunte ich nicht schlecht, als ich darin las, wie mich eine Politikerin öffentlich kritisiert, weil sie meinte, ich »versuche mich in die Politik einzukaufen« und »Demokratie könne man nicht kaufen«.

Ich habe in meinem Leben sehr viel und sehr hart gearbeitet. Mit der Magna haben wir über 13 000 direkte Arbeitsplätze in Österreich geschaffen, der Multiplikator mit Zulieferfirmen ist da noch gar nicht eingerechnet. Ich selbst habe mir über die Jahre einen gewissen Reichtum erarbeitet. Ich bin unabhängig und ich mache mir große Sorgen um unser Land.

Die Schulden, die unsere Politiker machen, sind Gift für unsere Gesellschaft. Politiker machen Schulden und kaufen sich damit die Stimmen der Wähler auf Kosten unserer Jugend und der nächsten Generationen. In jedem Budget wird mehr Geld ausgegeben als eingenommen und die Steuern steigen auch noch!

Ich verwendete mein eigenes Geld, um eine Broschüre »Eine geistige Revolution für Österreich« zu drucken und zu verteilen, in der ich auf verschiedene Missstände in unserem Land hinweise und in konstruktiver Art und Weise versuche, Lösungsvorschläge zu machen. Ich verwende auch mein eigenes Geld, um die beiden Websites www.stronachinstitut.at und www.reformprojekte.at aufzubauen, mit der Hoffnung verbunden, dass viele Menschen beginnen, sich mit Österreichs Problemen auseinanderzusetzen, und darüber nachdenken, was wir tun müssen, um unser Land wieder auf einen guten Weg zu bringen. Ich verwende auch mein eigenes Geld für die Förderung von Universitäten, um den Studenten ein gewisses Forschungsbudget zu ermöglichen, um sich mit Themen wie Demokratiereform, Staatsschulden und Steuersystem zu beschäftigen. Ich habe ein gewisses Alter, habe in meinem Leben viel erreicht und frage mich nun, wie ich Österreich am besten dienen kann.

Wenn sich also jemand Stimmen kauft, dann sind das unsere Politiker. Sie verwenden dafür aber natürlich nicht ihr eigenes Geld, sondern das der Steuerzahler. Die Steuerzahler geben mitsamt aller Steuern und Abgaben an die 70% ihres Einkommens an den Staat ab.

Dann gibt es noch Politiker, die sagen, dass wir mehr Umverteilung betreiben müssen. Wir müssen einmal verstehen, dass man erst etwas schaffen muss, bevor man es verteilen kann.

Wie ich schon oft betont habe: Wir müssen Wohlstand schaffen, nur so kann man sozialökonomische Gerechtigkeit in der Gesellschaft erreichen. Wir brauchen ein Steuersystem, das Wirtschaftswachstum fördert und Arbeitsplätze in Österreich schafft, und es sollte einen Anreiz für Unternehmer geben, ihre Arbeiter am Erfolg der Firma miteinzubeziehen. Wir müssen die große soziale Kluft zwischen den Arbeitgebern und den Arbeitnehmern verringern.

Umverteilung alleine macht Arme noch ärmer. Das ist eine große Unverantwortlichkeit der Politiker. Wir brauchen Wirtschaftswachstum in unserem Land, nur so können wir Wohlstand schaffen und sozialökonomische Gerechtigkeit erreichen.

Wachstum der Wirtschaft – nicht Wachstum der Schulden!

Es macht mich sehr betroffen, wenn ich in den Nachrichten über die Jugendarbeitslosigkeit in Griechenland, Spanien, Portugal und Frankreich lese. In vielen Ländern haben die jungen Leute kaum Perspektiven, schuld daran ist die Politik.

Die Politiker haben gigantische Schuldenberge aufgebaut und versuchen, durch das Drucken von Geld und weitere Schulden ihre Macht zu erhalten. Durch noch höhere Ausgaben ist aber noch niemand reich geworden. Und auch durch höhere Steuern auf die Reichen lassen sich die maroden Staatskassen nicht sanieren.

Die Bürger sind unzufrieden, da mit ihrem hart erarbeiteten Steuergeld verschwenderisch umgegangen wurde und wird. Manche Politiker reagieren und versprechen Wachstum: Der neue französische Staatspräsident spricht von Wachstum und die EU organisiert Sondergipfel zum Thema Wachstum. Nur so könne man sozialen Frieden, den Euro und die EU retten.

Leider unterliegen die Politiker aber einem großen Irrglauben: Es ist nicht das Wachstum der Schuldenberge oder das Wachstum der Geldmenge oder auch das Wachstum der staatlichen Arbeitsplätze, das uns wieder auf einen guten Weg bringen wird!

Nur durch Wirtschaftswachstum kann man aus dem Teufelskreislauf der Schulden herauskommen. Nur durch Wachstum der Realwirtschaft wird realer Wohlstand geschaffen. Und nur wenn Wohlstand geschaffen wird, kann man für sozialökonomische Gerechtigkeit in einer Gesellschaft sorgen. Ich habe schon öfter gesagt: Wenn die Wirtschaft in einem Land nicht funktioniert, dann funktioniert gar nichts.

Für die meisten Menschen ist die erste Priorität, dass sie sich und ihre Familie versorgen können. Das heißt, die Menschen brauchen Arbeit und Einkommen.

Wir haben uns aber zu weit in die Finanzwirtschaft bewegt, wo nur Papier hin und her geschoben wird. Es sind auch zu viele staatliche Arbeitsplätze entstanden, die keinen volkswirtschaftlichen Mehrwert bringen, sondern die diesem sogar durch viele Gesetze, Regulierungen und bürokratische Hindernisse im Weg stehen.

Ich habe immer gesagt, in einem zivilisierten Land soll niemand der Sündenbock sein. Wir sind alle ein bisschen schuld daran, dass wir überverwaltet sind. Nun erkennen aber viele Menschen, dass die Politik auf keinem guten Weg ist und dass wir Dinge ändern müssen, um Wirtschaftswachstum zu fördern, damit Arbeitsplätze zu schaffen, Schulden abzubauen und für sozialökonomische Gerechtigkeit in der Gesellschaft zu sorgen.

Politiker sein heißt, seinem Land zu dienen

Anfang Juni 2012 habe ich wieder einmal ein paar Tage in Florida verbracht, wo ich das »Stronach Plant Science Center« an der University of Gainsville eröffnete. Das ist eine Forschungseinrichtung, die sich mit nachhaltiger biologischer Landwirtschaft befasst. Ganz in der Nähe besitze ich einige Hektar Farmland. In den kommenden Jahren möchte ich dort Freilandrinder züchten, die völlig natürlich, mit viel Auslauf auf großen grünen Wiesen und mit frischem Wasser aufwachsen.

Es gibt immer mehr Leute, die sich bewusst ernähren und die Lebensmittel ohne Hormone, Antibiotika, Pestizide oder andere chemische Zusätze bevorzugen. Massentierhaltung ist grausam für die Tiere und die daraus resultierenden Lebensmittel sind vermutlich nicht sehr gesund. Als Bio-Landwirt möchte ich gerne ein Vorbild für artgerechte Tierhaltung abgeben.

Da ich die Universität fördere, hat man sich im Rahmen einer schönen Eröffnungszeremonie bei mir bedankt. Die Redner hatten im Vorfeld recherchiert, was sie alles über meine Person sagen könnten. Überraschenderweise sind sie in ihren Nachforschungen auch auf mein politisches Engagement in Österreich gestoßen. Als wir nach dem Festakt in kleiner Runde zusammenstanden, haben sie mich ziemlich verwundert gefragt, warum ich mir das »antue«. Und sie waren nicht die Ersten, die mich das gefragt haben.

Das Leben war unglaublich gut zu mir. Ich komme aus ganz einfachen Verhältnissen, habe sehr viel und sehr hart gearbeitet und mir dadurch einen gewissen Reichtum erworben. Nun möchte ich der Gesellschaft gerne etwas zurückgeben. Ich suche kein Amt und keinen Titel, aber mein Gewissen gebietet mir, meine Erfahrung und auch finanzielle Mittel einzubringen, damit ich etwas dazu beitragen kann, dass die nächsten Generationen in Österreich eine gute Zukunft haben können.

Meine Eltern waren beide Fabrikarbeiter. Mein Vater war ein aktiver, aber auch ein wenig verträumter Kommunist. Von meiner Mutter habe ich die Wertschätzung für harte Arbeit und das unternehmerische Denken gelernt. Von meinem Vater habe ich gelernt, wie wichtig der Sinn für Fairness und Gerechtigkeit gegenüber allen Menschen ist. Und dass man auch darum kämpfen muss. Meine Philosophie war daher immer schon auf sozialem Denken aufgebaut.

Ich habe schon öfter gesagt, wenn sich die richtigen Leute finden, die meine Grundprinzipien umsetzen wollen, würde ich sie unterstützen. Wenn ich sage die »richtigen Leute«, meine ich Leute mit einer gewissen Erfahrung und vor allem mit einem guten Charakter, die unserem Land dienen wollen. Wir haben leider zu viele Politiker, die sich in erster Linie selbst dienen und die mehr an ihrer Machterhaltung als an der Zukunft unseres Landes interessiert sind.

ESM – der nächste Rettungsschirm

Wie lange wird es dauern, bis uns die europäische Haftungsgemeinschaft zahlungsunfähig macht?

Ein Parlamentsausschuss hat in einer Nacht-und-Nebelaktion die Gründung und Finanzierung einer internationalen Finanzorganisation mit Sitz in Luxemburg ratifiziert. Es handelt sich um den ESM oder Europäischen Stabilitätsmechanismus. Er soll mit einem Grundkapital von 700 Milliarden Euro ausgestattet werden und es soll eine Nachschusspflicht geben, und zwar »unwiderruflich und uneingeschränkt«. Die zahlungsfähigen Länder springen für die nicht zahlungsfähigen Länder ein! Das Budgetrecht der nationalen Parlamente wird ausgehebelt! Kein Wunder, dass die Bürger kaum informiert werden und schon gar nicht in den Entscheidungsprozess miteinbezogen werden!

Ich bin für ein starkes Europa mit freiem Personen-, Güter-, Dienstleistungs- und Kapitalverkehr. Das Wichtigste ist, dass der Friede in Europa gesichert ist. Um diesen zu wahren, ist es wichtig, dass die Bürger einen gewissen Wohlstand genießen. Wenn Menschen in Armut verfallen, sind soziale Unruhen vorprogrammiert. Es hat den Anschein, dass unsere Politiker gerade an jener Basis rütteln, die Europa nach dem Krieg und dem Wiederaufbau so wirtschaftlich erfolgreich gemacht hat: das wettbewerbsorientierte Freihandelszonensystem.

Naturgesetze sind stärker als von Menschen gemachte Gesetze. Ein Naturgesetz ist, dass fairer Wettbewerb zu besserer Leistung, besseren Produkten und mehr Wohlstand führt. Immer wenn Wettbewerb ausgeschaltet wird und in den Markt künstlich eingegriffen wird, ist es nur eine Frage der Zeit, bis Wirtschaftswachstum endet und der Wohlstand zu sinken beginnt.

Unsere Politiker scheinen gerade dabei zu sein, den Wettbewerb zwischen den Ländern in Europa auszuschalten. In der angepeilten Haftungsgemeinschaft gibt es keinen Anreiz mehr für volkswirtschaftlich schwache Länder, ihre Strukturen zu reformieren und besser zu wirtschaften. Es ist anzunehmen, dass sich jeder auf den anderen verlassen wird, als Zahlmeister einzuspringen.

Eine Haftungsgemeinschaft macht keinen ökonomischen Sinn. Sie widerspricht Naturgesetzen!

Vor Kurzem habe ich die bekannte Wirtschaftswissenschafterin Eva Pichler kennengelernt. Sie prophezeit den Konkurs Österreichs, sollte der ESM tatsächlich Realität werden. »Der ESM legalisiert und perpetuiert die bislang illegal durchgeführte Umverteilung der Staaten mit noch soliden Finanzen zu den anderen. Ist er unterschrieben, gibt es kein Zurück: Die Transferunion ist abgesegnet, wir müssen dann jährlich viele Milliarden an Haftungen in den Süden verschicken, ein hoher Teil davon wird absehbar schlagend werden. Der EMS ist ein totalitäres Machwerk: Die Mitglieder unterliegen der Immunität, keine Klage ist möglich.« Außerdem haben die hoch verschuldeten volkswirtschaftlich schwachen Länder die Mehrheit. Welche Entscheidungen kann man sich da erwarten?

Die EU – ein Fass ohne Boden?

Auf Griechenland folgt Spanien. Welches Land kommt wohl als nächstes unter den Rettungsschirm?

Die EU wurde gleichzeitig mit der Wirtschafts- und Währungsunion 1992 errichtet. Die Politiker konstruierten den »Euro«, und ersetzten damit – ohne die geringste wirtschaftliche Notwendigkeit – ein seit Jahrzehnten bestens funktionierendes Währungssystem mit vielen erfolgreichen Währungen, allen voran die Deutsche Mark, den österreichischen Schilling, den holländischen Gulden, die ihrerseits seit rund zwanzig Jahren einen informellen Währungsverbund gebildet hatten.

Mit Hilfe des Euro wollte man möglichst schnell mit möglichst vielen Staaten Europas zu einer politischen Einheit kommen.

Ein ebenso ambitionierter wie frommer Wunsch. Es kann nicht funktionieren, 17 Staaten mit völlig unterschiedlichen Wirtschaftsstrukturen, unterschiedlichen Kulturen und unterschiedlichem Leistungsvermögen mit einer gemeinsamen Währung auszustatten.

Es gibt Politiker, die sagen, wenn der Euro stirbt, stirbt Europa. Da frage ich mich, sind Großbritannien, Schweden, Dänemark nicht Teil von Europa? Norwegen und die Schweiz sind weder im Euro noch in der EU. Bemerkenswerterweise geht es diesen beiden Ländern besonders gut!

Viele Bürger und auch manche Politiker erkennen, dass eine Fehlkonstruktion geschaffen wurde, und versuchen nun verzweifelt, Lösungen zu finden.

Sollen die Staaten sich wieder politisch entflechten und mit mehr Eigenverantwortung und guter Politik wettbewerbsfähige Strukturen schaffen, damit sie sich wieder aus den Schuldenbergen herausarbeiten können?

Oder sollen wir mehr Öl ins Feuer gießen und den europäischen Stabilitätsmechanismus ESM unterstützen? Der ESM legalisiert und verewigt die bislang schon stattgefundene Umverteilung. Staaten, wie Österreich, die noch eine einigermaßen funktionierende Volkswirtschaft haben, zahlen Geld an jene Staaten, die schlecht wirtschaften. Wo bleibt der Anreiz, sich anzustrengen?

Man sieht an Griechenland, dass durch die ständigen Hilfszahlungen sowohl das Preis- als auch das Lohnniveau in schwindelnde Höhen gestiegen ist. Die Politiker sahen billiges Geld, woraufhin die Gewerkschaften Lohnerhöhungen durchsetzten, alle Produkte wurden viel zu teuer, die Exporte flachten ab. Niemand kauft zu teure Waren.

Mit dem ESM wird die Transferunion abgesegnet und wir müssen dann alljährlich viele Milliarden in den Süden schicken, höchstwahrscheinlich auf Nimmerwiedersehen.

Vor Kurzem habe ich die Wirtschaftswissenschafterin Eva Pichler kennengelernt. Sie sagte mir, dass der ESM ein sehr undemokratisches Druckmittel benützt: Ein Staat, der aufhört in den ESM einzuzahlen, verliert unverzüglich die Kontrollrechte über bereits geleistete Milliarden.

Ein neues EU-Prinzip: Wer zahlt, hat nichts mehr zu sagen?

Die Vereinigten Staaten von Europa funktionieren nicht!

Ich habe mich mehrfach über den ESM geäußert, um auf diesen undemokratischen Knebelvertrag aufmerksam zu machen.

Er ist nicht nur undemokratisch, sondern auch in wirtschaftlicher Hinsicht unsinnig, da allen Schuldnerländern jeglicher Anreiz, ihre Strukturen zu verbessern, genommen wird.

Zudem sollen alle Staaten von Brüssel aus überwacht werden, eigentlich wird das Budgetrecht der nationalen Parlamente ausgehebelt. Soll alle Macht nach Brüssel gehen? Die Menschen in Europa wollen wissen, dass der Friede gesichert ist, auch wollen sie freien Personen-, Dienstleistungs-, Waren- und Kapitalverkehr genießen. Wir brauchen dafür aber keinen Zentralismus und viele zusätzliche Paragrafen aus Brüssel. Es würde genügen, wenn sich die Außen- und Wirtschaftsminister aller europäischen Länder zusammensetzen, um sicherzustellen, dass es keine Handelsbarrieren und Hemmnisse gibt. Eine gemeinsame Währung brauchen wir schon gar nicht. Die Währungsunion schaltet den Wettbewerb der Währungen aus. Die Auf-

und Abwertung der Währungen ist ein ganz wichtiges Instrument für Volkswirtschaften.

Viele Leute fragen mich, warum der Euro als Gemeinschaftswährung in der EU nicht, der Dollar in den USA als gemeinsame Währung aber schon funktioniert, auch dort gibt es ja wirtschaftlich unterschiedlich starke Staaten.

Ein Hauptgrund liegt in der Mentalität der Amerikaner. Jeder Amerikaner fühlt sich als Amerikaner. In der Schule wird in der Früh die amerikanische Bundeshymne gesungen, genauso wie vor jeder Sportveranstaltung, und jeder Amerikaner identifiziert sich mit seinem Land: den USA. Sie sind stolze Amerikaner. Und wenn ein Amerikaner Gefallen an einem anderen Bundesstaat findet, weil dort beispielsweise die Steuern niedriger sind, zieht er einfach um! Er ist ja immer noch in Amerika!

Die europäischen Kulturen sind seit Tausenden von Jahren tief verwurzelt, und das ist ja auch das Schöne an Europa. Wir sind ein Kontinent der Vielfalt. Es ist nicht richtig, von Brüssel aus zu versuchen, alle gleichzuschalten und wirtschaftlich auf einen Nenner zu bringen. Es steht uns nicht zu, anderen Kulturen anzuschaffen, wie sie leben sollen!

Was zählt, sind die Werte

Im Jahr 2010 hatte ich ein Mittagessen mit Hans Dichand, dem damaligen Herausgeber der »Kronen Zeitung«. Wir hatten viele interessante Gesprächsthemen.

Unter anderem interessierte es ihn besonders, wie es möglich war, dass ich die Firma Magna aus einer kleinen gemieteten Garage heraus aufbaute und zu einer Firma machte, die anerkannt ist als Nummer 1 der Welt in der Autoindustrie. Magna baut heute Autoteile, Komponenten, Systeme und sogar ganze Autos für Kunden.

Ich habe ihm damals erklärt, dass es eigentlich nicht so schwierig war, die Firma so aufzubauen. Alles basiert auf einer Philosophie und einigen wenigen, dafür aber ehrlich gelebten Grundprinzipien:

1. Wahrheit: Die Mitarbeiter wissen, ob das Management es ehrlich meint mit seinen Philosophien und Prinzipien, oder ob es sich bloß um Lippenbekenntnisse handelt. Die Prinzipien müssen klar kommuniziert und vor allem gelebt werden.

2. Motivation: Für mich war immer wichtig: Sind die Mitarbeiter zufrieden, denken sie mit und ist auch ihr Herz mit dabei? Die Mitarbeiter müssen wissen, dass ihnen ein Teil der Maschinen gehört und dass ihre gute Arbeit belohnt wird. Wenn die Firma erfolgreich ist, haben sie ein Recht auf einen Teil des Gewinnes, der durch ihre Arbeit erwirtschaftet wird.

3. Transparenz: Die Mitarbeiter müssen wissen, was in der Firma vor sich geht. Was kosten die Maschinen, die Investitionen, wie viel Gewinn gibt es? Nur wenn jeder sehen kann, was vor sich geht, kann man eine faire Einschätzung und auch den richtigen Einsatz der Arbeiter erwarten.

4. Fairness: Es ist sehr wichtig, dass die Mitarbeiter wissen, dass es gerecht zugeht. Sie müssen sich fair behandelt fühlen und spüren, dass das Management fair ist.

5. Der Ruf: Ich habe zu meinen Managern immer gesagt, dass sie auf ihren Ruf achten müssen. Wenn man etwas verspricht und nicht hält, verliert man Respekt und seinen Ruf. Geld kann man immer machen. Aber ist der Ruf einmal ruiniert, lässt sich das eigentlich nicht mehr reparieren.

Hans Dichand interessierte sich für meine Grundprinzipien und Lebensanschauungen und sagte mir, dass er sich sehr freuen würde, wenn ich eine wöchentliche Kolumne in der »Krone« darüber schreibe, wie ich Österreich sehe.

Dieser Einladung bin ich mit Freude gefolgt. Ich bin sehr gerne in Österreich und finde, dass Österreich ein sehr schönes Land ist. Ich sehe aber auch, dass das Land nicht gut geführt ist. Das macht mich betroffen. Ich versuche nun einen Beitrag für eine bessere Zukunft zu leisten.

Seit Jahrzehnten werden Schulden gemacht. Keine Regierung und keine Gewerkschaft kann Arbeitsplätze garantieren. Arbeitsplätze, die zur Wertschöpfung und damit zum Wohlstand der Gesellschaft beitragen, können nur in der Wirtschaft geschaffen werden.

Bei Magna schauen wir immer, dass wir Qualitätsprodukte zu wettbewerbsfähigen Preisen produzieren, die wir auch verkaufen können.

Die Magna ist auf Werten aufgebaut. In der österreichischen Regierung und dem Kammerstaat scheinen Verbindungen und Freunderlwirtschaft leider oft wichtiger zu sein als Werte.

Giftpfeile und Schmutz von den Systemerhaltern

Ich habe mich immer schon für die Politik in Österreich interessiert und beobachte, wie die Regierungsparteien, meist also SPÖ und ÖVP, unser Land seit Jahrzehnten immerfort in Richtung Abgrund führen.

Jedes Jahr werden neue Schulden gemacht und wichtige Reformen vernachlässigt. Es herrscht ein Machterhaltungssystem und eine Freunderlwirtschaft, aufgebaut auf Kammern, Gewerkschaften, Bünden und sonstigen Machtblöcken. Die Maxime lautet »Machterhaltung um jeden Preis«. Das kann nicht gut sein für Österreich.

Vor zwei Jahren habe ich meinen Aktien-Kontrollblock bei der Magna verkauft und habe meine Konzentration verstärkt auf andere Dinge gelenkt. Ich verbringe mehr Zeit in Österreich und sehe mit Besorgnis immer klarer, wie unser Land geführt wird. Ich mache mir ernsthafte Sorgen um den Wirtschaftsstandort Österreich und um die Zukunft unserer Kinder und Enkelkinder. Aus diesem Grund habe ich begonnen, das System zu kritisieren und Lösungsvorschläge zu machen. Es ist immer leichter zu kritisieren, als konstruktive eigene Vorschläge zu machen. Ich sage immer, die Schildkröte kann nur Fortschritte machen, wenn sie den Kopf heraussteckt. Aber damit ist ein gewisses Risiko verbunden.

Es war mir immer schon bewusst, dass das System und jene, die vom System profitieren, keine Freude haben werden, wenn ich aufzeige, wie schlecht Österreich geführt wird. Für die Machterhalter ist es wichtig, am Status quo festzuhalten, keine Veränderungen zuzulassen und schon gar nicht der Bevölkerung aufzuzeigen, wie unser Land kontrolliert, manipuliert und gelenkt wird.

Ich bin wirtschaftlich und vor allem politisch unabhängig und kann es mir leisten, frei zu sprechen. Ich trete öffentlich auf und scheue mich nicht davor, auf Missstände aufmerksam zu machen. Viele Bürger haben mir bereits geschrieben und das Stronach Institut für sozialökonomische Gerechtigkeit www.stronachinstitut.at kontaktiert, um zu sagen: »Endlich traut sich jemand den Mund aufzumachen, weiter so!« Viele würden eine neue politische Bewegung gerne unterstützen, aber nicht wenige haben Bedenken, sich öffentlich zu bekennen, da sie vom Machterhaltungssystem abhängig sind. Wenn jemand unbequem wird und beginnt, das System zu hinterfragen, kann es leicht sein, dass der Kredit nicht mehr verlängert wird oder eine Steuerprüfung kommt.

Ich bin mit meiner Offenheit vielen ein Dorn im Auge und nun wird mit Giftpfeilen auf mich geschossen. Es wird Schmutz geworfen von allen Ecken. Das ist schade, aber ein ziemlich klares Zeichen, dass ich einen wunden Punkt getroffen habe.

Wie wir unsere Pensionen retten können

Die älteren Leute haben viel mitgemacht und unser Land nach dem Krieg mit harter Arbeit wieder aufgebaut. Sie haben einen schönen Lebensabend verdient und wünschen bestimmt auch ihren Kindern und Enkeln eine gesicherte Zukunft.

Pensionisten und ältere Leute dürfen nicht der Sündenbock für die jahrzehntelange Misswirtschaft unserer Regierung sein! Das österreichische Pensionssystem steht aus mehreren Gründen vor dem Zusammenbruch!

Erstens gibt es aufgrund sinkender Geburtenraten immer weniger Einzahler und immer mehr Pensionisten.

Zweitens hat die Regierung einen gewaltigen Schuldenberg aufgebaut. Heuer geben wir rund 9 Mrd. Euro für Zinsen aus. Die Ausgaben, die der Bund den Pensionsversicherungsanstalten zuschießen muss, belaufen sich heuer auf 8 Mrd. Euro. Wären wir nicht so verschuldet, könnten wir das Zins-Geld anders investieren, wie beispielsweise in die Sicherung der Pensionen und in die Altenpflege.

Drittens wird uns die jetzige Regierung noch mehr verschulden: Sie segnete den Beitritt Österreichs zum ESM ab. Wir werden für die

Schulden anderer Länder haften müssen. Das Verrückte dabei: Österreich hat kein Geld zum Herborgen. Um die Schulden der anderen Staaten zu bezahlen, müssen wir selbst Schulden machen und in Folge noch höhere Zinsen zahlen!

Wir müssen dringend Maßnahmen ergreifen, um die Pensionen jetzt und für die Zukunft zu sichern. Wir dürfen nicht so viel Geld für die Rettung der anderen Länder ausgeben, sondern müssen zuerst auf unsere eigenen Leute schauen. Wir dürfen keine Schulden mehr machen, müssen aus dem ESM-Vertrag und der Währungsgemeinschaft heraus und unser Pensionssystem reformieren.

Es sollte Anreize für rüstige ältere Menschen geschaffen werden, länger aktiv zu bleiben: Wenn jemand ab 65 arbeitet, sollten für den Arbeitgeber keine oder deutlich reduzierte Lohnnebenkosten anfallen, und für den Arbeitnehmer sollte es eine Steuerbegünstigung oder überhaupt eine Einkommenssteuerbefreiung auf das Einkommen geben, das höher ist, als es die Pension wäre.

Wenn jemand z. B. 40 Jahre lang 2000 Euro brutto verdient hat, hätte er im jetzigen System einen Pensionsanspruch von ca. 1400 Euro brutto. Ich finde, wenn jemand gerne weiterhin arbeiten möchte, sollte der Unterschied, also die 600 Euro, niedrig oder gar nicht besteuert werden. Ältere Arbeitnehmer würden weiterhin in das Arbeitsleben miteinbezogen sein, zur Wertschöpfung beitragen und könnten einer sinnvollen Tätigkeit nachgehen, die ihnen Freude bereitet. Sie hätten mehr Einkommen zur Verfügung, das sie sicher gerne für ihren eigenen Lebensstil oder für Geschenke an Kinder und Enkelkinder ausgeben würden.

Auch für die Wirtschaft wäre diese Regelung ein großer Zugewinn: Die Arbeitgeber hätten erfahrene und verlässliche Mitarbeiter, die sie vergleichsweise wenig kosten.

Das wäre eine faire Übergangslösung bis zu dem Zeitpunkt, wo wir ein Pensionskonto einrichten. Alle sollen sehen können, wie viel Pension sie sich erarbeitet haben und wann sie daher in den Ruhestand gehen wollen. In einer zivilisierten Gesellschaft soll niemand Angst haben müssen, dass die Grundversorgung nicht gesichert ist, aber es sollte jeder mit dem Pensionsanspruch in Pension gehen, den er sich erwirtschaftet hat. Durch das Pensionskonto wird die Eigenverantwortung des Einzelnen gestärkt und das System langfristig erhalten.

Warum haben wir eine Zweiklassengesellschaft in Österreich?

Ich bin sehr oft und sehr gerne in Österreich und werde regelmäßig eingeladen, im Rahmen von Vorträgen oder Interviews von meinen Erfahrungen als internationaler Geschäftsmann zu erzählen.

Ich habe die Firma Magna aufgebaut, die anerkannt ist als die Nummer 1 in der Fahrzeugindustrie. Das ist gelungen, weil die Magna mehr ist als nur eine Firma, eigentlich handelt es sich um eine Kultur. Die wichtigsten Eckpunkte habe ich in den 70er-Jahren in der Unternehmensverfassung verankert. Diese legt von vorneherein fest, wie der Profit aufgeteilt wird.

Ich habe früh erkannt, dass Naturgesetze immer stärker sind als von Menschen gemachte Gesetze. Eines der bedeutendsten Naturgesetze ist: Der Hauptgrund, warum Menschen morgens aufstehen, ist, dass sie ein besseres Leben für sich und ihre Familien gestalten wollen. Menschen wollen also Kapital schaffen. Kapital wird durch drei treibende Kräfte geschaffen und alle drei haben einen moralischen Anspruch auf den Profit, der durch sie erzielt wird: kluges Management, fleißige Arbeiter und Kapital.

An dieser Stelle werde ich meist unterbrochen und darauf aufmerksam gemacht, dass man in Österreich zwischen Arbeitern und Angestellten unterscheiden muss und dass es daher korrekterweise MITarbeiter heißen soll.

Ich nehme diesen sprachlichen Unterschied natürlich zur Kenntnis, aber frage mich, was man damit zum Ausdruck bringen will. Warum unterscheiden wir zwischen Arbeitern und Angestellten? In beiden Fällen handelt es sich um Menschen, die arbeiten, die etwas leisten und etwas zum Wohlstand in unserem Land beitragen.

Die Gruppierung der Bevölkerung nach Klassengesichtspunkten entspricht eigentlich nicht dem heutigen Weltbild. Abgesehen von dieser sicher nicht mehr zeitgemäßen Unterscheidung unter den arbeitenden Menschen bedeutet das natürlich auch einen gewaltigen Verwaltungsaufwand: Für Angestellte gilt das Angestelltengesetzbuch, für Arbeiter hingegen die Gewerbeordnung. Außerdem gelten noch das Allgemeine Bürgerliche Gesetzbuch sowie die Bestimmungen des jeweils relevanten Branchenkollektivvertrages.

In der Vergangenheit wollte man sicher die beiden Gruppen absichtlich in ihrem Bewusstsein voneinander abgrenzen, damit sie sich nicht miteinander identifizieren und gemeinsam solidarisieren.

Heute wissen wir aber: Nur wenn wir alle an einem Strang ziehen, also Unternehmenseigentümer, Management und Mitarbeiter zusammen anstatt gegeneinander arbeiten, kann die Firma wettbewerbsfähig und damit erfolgreich sein.

Diese Erkenntnis war der Grundstein der Erfolgsgeschichte von Magna.

Warum hat Österreich keine Medaillen gemacht?

Die Olympischen Spiele 2012 sind vorbei und Österreich hat keine einzige Medaille gewonnen. Alle fragen sich warum und viele Politiker suchen Antworten in der hochkomplizierten Förderthematik. Es gibt unzählige verschiedene Töpfe, verschiedene Verwaltungsorganisationen und Sportverbände, oft mit Politikern besetzt.

Laut Angaben des Österreichischen Olympischen Komitees hat das Sportministerium in den vergangenen 18 Monaten 5 Millionen Euro in das Spitzensportförderprojekt der Olympischen Spiele in London investiert. Davon seien nur 850 000 Euro bei den 70 teilnehmenden Athleten gelandet. Der Rest ist wohl irgendwo in der Verwaltung versickert.

Natürlich, der Förder-Dschungel ist tatsächlich ein Problem in Österreich. Es ist ein Wirrwarr, man braucht eigene Spezialisten und am besten noch politische Verbindungen, um zu möglichst hohen Fördersummen zu kommen.

Das Hauptproblem ist aber ein anderes: Der Grund, warum Österreichs Sportler keine Medaillen gewonnen haben, liegt darin, dass unsere Kinder so wenig Sport machen. Sportstunden in den Schulen wurden gekürzt, es gibt zu wenige Fußballplätze und andere Einrichtungen, wo die jungen Leute Sport betreiben können. In manchen Bundesländern wurden sogar die Schulschikurse gestrichen.

Es wird gespart und gekürzt, aber an den falschen Stellen! Wir brauchen weniger Verwaltung, dafür aber mehr Sport und mehr Bewegung! Wir müssen die Breite fördern, nur dann wächst die Spitze. Und wenn es Spitzensportler gibt, die international erfolgreich sind, wächst wiederum die Begeisterung für den jeweiligen Sport in der Bevölkerung.

Es ist besonders wichtig, Kinder und junge Leute für Sport zu begeistern, um ihnen die Freude am Wettbewerb näherzubringen. Im sportlichen Wettbewerb entwickelt man viele wichtige Fähigkeiten, wie etwa Motivation, Verantwortung, Führungsverhalten, Teamarbeit und Ausdauer. Dazu kommen natürlich noch körperliche Fähigkeiten, die Entwicklung der Feinmotorik und der Muskulatur. Viele junge Menschen haben schon eine schlechte Körperhaltung oder sind übergewichtig.

Unsere Kinder müssen wissen, wie sie sich gesund ernähren können, und sollten schon im Kindergarten auf Spielplätzen herumtollen und in der Volksschule dann spielerisch verschiedenste Sportarten erlernen.

Natürlich ist das mit gewissen Kosten verbunden, aber Sport ist eine wichtige Investition in die Zukunft: der langfristige soziale und auch wirtschaftliche Nutzen würde die Kosten bei Weitem aufwiegen.

Welche Optionen haben wir für unsere Währung?

Die Aussagen, dass die Österreicher vom Euro profitiert haben, sind schlichtweg falsch. Genau das Gegenteil ist der Fall: Wir zahlen und haften für Pleitestaaten.

Naturgesetze sind stärker als von Menschen gemachte Gesetze. Ein Naturgesetz ist, dass fairer Wettbewerb zu besserer Leistung, besseren Produkten und mehr Wohlstand führt. Immer, wenn Wettbewerb ausgeschaltet wird, sinkt der Wohlstand. Es kann nicht funktionieren, 17 Staaten mit völlig unterschiedlichen Wirtschaftsstrukturen, Kulturen und Leistungsvermögen mit einer gemeinsamen Währung auszustatten und sie so zwangsweise gleichzuschalten. Kultur kann man nicht per Gesetz verändern!

Wenn in einem Konzern 10 Werke Verlust machen und 10 Werke gut laufen, wird der Konzern, wenn er Bilanz zieht, nicht gut dastehen. Die 10 Verlustwerke ziehen die 10 Gewinnwerke herunter. Jeder weiß, dass Verlustfirmen über kurz oder lang geschlossen werden müssen. Meistens kommen dann die Gewerkschaften, weil die glauben besser zu wissen, wie man die Firma führen soll. Oder auch Wirtschaftsprofessoren. Ihnen könnte man diese Werke dann eigentlich schenken.

Einen Staat kann man nicht genauso wie ein Unternehmen führen, da gewisse soziale Komponenten im Staat eine große Rolle spielen. Moderne Firmen leisten aber auch hier schon wichtige Beiträge, von der Umwelt über Pensionen, Krankenversicherungen und Sozialspenden. Ein Prinzip gilt aber immer: Man muss ein besseres Produkt oder eine bessere Dienstleistung zu einem besseren Preis erzeugen bzw. anbieten, dann ist man am Weltmarkt konkurrenzfähig. Dafür braucht man kluges Management, fleißige Arbeiter, Kapital und eine effiziente Verwaltung. Dasselbe gilt für den Staat. Wir sind total überverwaltet, großteils bedingt durch die EU. In Brüssel werden unzählige Verordnungen und Richtlinien erlassen, die dann auf nationaler Ebene von einem Heer von Beamten umgesetzt werden müssen.

Es gibt in Wirklichkeit nur 3 Szenarien, wie die Euro-Krise gelöst werden kann:

1. Die Südländer, die wirtschaftlich nicht auf dem Niveau der Nordländer sind, müssen aus der gemeinsamen Währung raus, auch im eigenen Interesse! Sie könnten abwerten und dadurch wieder wettbewerbsfähig werden. Man kann helfen, aber letztlich muss jedes Land auf seinen eigenen Beinen stehen können.

2. Die gut wirtschaftenden Nordländer verlassen den Euro und koppeln ihre nationalen Währungen aneinander.

3. Wenn sich die Nordländer nicht von den Südländern trennen können, muss Österreich trotzdem aus der gemeinsamen Knebelwährung heraus. Je länger wir dabei sind, umso mehr verlieren wir und werden tiefer runtergezogen.

Es ist wichtig, dass Österreich darauf vorbereitet ist, wenn sich der Euro auflöst oder sich selbst zerstört. Und ich sehe das eigentlich nicht als ein großes Problem. Die Wirtschaft ist ganz einfach zu verstehen: Wir brauchen ein besseres Produkt für einen besseren Preis. Mit einer schlanken Verwaltung und zurückgewonnener Wettbewerbsfähigkeit wird sich Österreich am Weltmarkt bestens behaupten können.

Das beste Beispiel ist die Schweiz: Die Schweizer sind freiheitsliebende Menschen, die sich nicht knebeln und einer großen Bürokratie unterwerfen lassen.

In Europa sind die Super-Bürokraten an der Macht. Unter dem Schein der Demokratie kontrollieren sie das ganze Geld und Europa geht den Bach hinunter.

Zentralisierung vernichtet unsere Wettbewerbsfähigkeit

Ich mache mir Sorgen um Österreich und um die zunehmende Zentralisierung durch die EU. Wie ich schon mehrmals betont habe, ist Österreich überverwaltet. Obendrauf gibt es noch die EU, somit haben wir 5 Verwaltungsebenen: die Gemeinden, die Bezirke, die Länder, den Bund und die EU! Die EU ist heute sogar für 80% aller Gesetze verantwortlich, die wir in Österreich umzusetzen haben. Das ist zu viel Verwaltung. So können wir nicht wettbewerbsfähig sein.

Ich habe selbst erlebt, was es bedeutet, wenn der Verwaltungsapparat zu aufgeblasen ist, und möchte gerne erzählen, was damals, im Jahr 1987, mit Magna passiert ist. Ich hatte mich mit dem politischen System in Kanada beschäftigt und wollte hier helfen, Änderungen für das Land herbeizuführen. Im Zuge meines Engagements war ich sehr beschäftigt und hatte mich – leider zu lange – nicht auf das automotive Geschäft konzentriert. Wir waren mitten in einer Wirtschaftskrise und die Nachfrage nach Autos hatte stark abgenommen. Gleichzeitig war Magna die Jahre zuvor unaufhörlich gewachsen und wir hatten viel Geld geborgt, um in neue Werke zu investieren, da unsere Kunden immer mehr neue Produkte bei uns bestellt hatten. Es gab schon an die 100 Magna-Werke und fast jeder Werksleiter hatte einen Kredit von rund 1 Million aufgenommen. In einer großen Organisation scheint ein Kredit von 1 Million kein Problem zu sein, aber wir hatten ja 100 Werke und jedes Mal, wenn ich in eine Vorstandssitzung ging, hatten wir wieder 100 Millionen mehr Schulden. Plötzlich standen wir mit über einer Milliarde Dollar Schulden in der Kreide. Gleichzeitig war unser Verwaltungsapparat unglaublich angewachsen. Immer, wenn ich unsere Gruppenbüros besuchte, staunte ich über die Marmorböden, die schönen Bilder an den Wänden, die hölzernen Vertäfelungen in den Besprechungszimmern und die vielen Buchhalter, Anwälte und Assistenzkräfte, die im Vergleich zu den Arbeitern in den Hallen fast schon in der Mehrzahl waren.

Das größte Problem war, dass Magna von einem der wichtigsten Prinzipien der Unternehmenskultur weit weggekommen war: Es war alles zentralistisch geworden. Magna hatte das Erfolgsmodell unserer dezentralen Struktur, wo wir nahe am Kunden waren und immer flexibel handeln konnten, über Bord geworfen. Wir waren kurz vor der Bankrotterklärung.

Ich musste rasch handeln und teilte die so fett gewordene zentralistische Organisation kurzerhand in Produktgruppen auf und machte jeden Gruppenmanager ausschließlich für seine Gruppe und die dazugehörenden Werke verantwortlich. Jeder Gruppenmanager hatte ein Basisgehalt und sollte einen Teil des Profits seiner Gruppe bekommen. Plötzlich blieben mehr als 1000 Leute über, die keiner brauchte, und plötzlich waren auch Marmorböden und teure Kunstwerke in den Büros nicht mehr wichtig. Es gab wieder klare Verantwortung und Effizienz. Und nur so kann es funktionieren.

Heute befinden wir uns mit dem Konstrukt der EU in einer ähnlichen Situation. Durch die zentralistische Verwaltung, die gemeinsame Währung und die vielen Vorschriften, die Ungleiches gleich machen wollen, sind die Länder Europas nicht mehr wettbewerbsfähig. Die Verwaltungskosten sind zu hoch.

Effizient organisierte, unabhängige Staaten werden erfolgreicher sein als jene, die in einem Zwangsverbund von anderen Staaten hinuntergezogen werden.

Wahrheit, Transparenz und Fairness

Ich werde regelmäßig gefragt, wie das möglich sein kann, dass man aus einer kleinen Garage heraus eine Firma aufbauen kann, die in der Automobiltechnologie anerkannt ist als Nummer 1 mit weltweit über 117 000 Beschäftigten und 30 Milliarden US-Dollar Umsatz.

Meine Antwort ist immer, man muss ein besseres Produkt zu einem besseren Preis machen. Das kann einem aber nur gelingen, wenn man gewisse Naturgesetze versteht und Prinzipien hat. Für mich war es immer wichtig, zu wissen, wie kann ich die Mitarbeiter motivieren, dass sie nicht nur fleißig arbeiten, sondern auch mitdenken, und dass ihr Herz mit dabei ist. Wenn das Herz nicht mit dabei ist, dann kann es nie funktionieren. Die Arbeiter fühlen und wissen es, wenn das Management nur große Sprüche klopft. Das heißt, die Manager müssen tagein und tagaus beweisen, dass sie die Wahrheit sagen, dass alles transparent und fair ist.

Ich habe diese Wirtschaftskultur nun schon vor fast 40 Jahren bei der Magna eingeführt, sie ist heute tief verwurzelt und durch die Unternehmensverfassung verankert. Unsere Unternehmensverfassung ist der Grundstein unseres Erfolgs. Sie definiert und beschreibt die Rechte unserer Mitarbeiter, der Aktionäre und des Managements bezüglich Gewinne und Wachstum, während dem Management gewisse Regeln auferlegt werden.

Ohne Mitarbeiter ist es nicht möglich, einen Gewinn zu machen, deshalb bekommen sie 10% des Gewinns. Die Investoren stellen das notwendige Kapital zur Verfügung, um neue Maschinen etc. zu kaufen. Sie bekommen 20% in Form einer Dividende. Das Management muss strategisch richtige Entscheidungen treffen und trägt die Verantwortung, es bekommt 6%. Nur eine Firma, die in die Zukunft investiert, kann bestehen, daher investieren wir mindestens 7% in Forschung und Entwicklung. 2% gehen an soziale Zwecke. Magna macht ungefähr eine Milliarde Dollar Gewinn, das heißt jedes Jahr freuen wir uns, wenn wir ungefähr 20 Millionen Dollar verteilen können: an Krankenhäuser, Schulen, Jugendsport, Kunst, Kultur. Ich kann sagen, wir haben in Österreich im Laufe der letzten Jahre über 100 Millionen Euro gespendet, beispielsweise an den Musikverein, die Staatsoper, für Hochwasseropfer, für Universitäten, die Kinderfreunde, das Burgtheater etc.

Für mich war immer schon das menschliche Kapital das wichtigste. Wir haben in der Magna natürlich Wirtschaftsprüfer, aber auch eine eigene Abteilung, die mittels eines bewährten Systems prüft, ob die Arbeiter sich fair behandelt fühlen und ob das Management transparent handelt. Ich sage immer, es gibt keine schlechten Arbeiter, nur schlechte Manager. Wenn das Management unfair ist, werden die Arbeiter natürlich unzufrieden. Und Unzufriedenheit steckt an und dann ist es unmöglich, gute Produkte zu wettbewerbsfähigen Preisen herzustellen.

Was die Naturgesetze, Prinzipien und Werte anlangt, kann man das Management eines Unternehmens mit dem eines Landes durchaus vergleichen: Es kann nur funktionieren, wenn Wahrheit, Transparenz und Fairness gelten und gelebt werden.

Franks Abschied und Neustart

Nach über zwei Jahren verabschiedet sich Frank Stronach mit seiner letzten Kolumne in der »Krone«, um sich nun verstärkt seiner politischen Bewegung zu widmen.

Liebe Leserinnen und Leser!
Über zwei Jahre lang durfte ich an dieser Stelle meine Gedanken und Visionen zu Österreich darlegen.

Hans Dichand, der Gründer der »Kronen Zeitung«, den ich immer sehr bewundert und geschätzt habe, hatte damals die Idee dazu und mich persönlich gebeten dies zu tun. Dafür bin ich ihm sehr dankbar, auch Ihnen als Leser. Die Kolumne war ein großer Erfolg!

Die Resonanz war überwältigend. Viele Leser schrieben mir, sprachen mich auf die Kolumnen an und bestärkten mich auf diese Weise, jenen Schritt zu tun, den ich jetzt mit meinem Wechsel in die Politik mache.

Ich sehe mit großer Sorge, dass unsere derzeitige Regierung Österreich zugrunde wirtschaftet. Der Schuldenberg wächst und wächst und wir bewegen uns von einer produzierenden Wirtschaft in eine Finanzwirtschaft, kontrolliert durch Großbanken und Finanzinvestoren.

Mein Gewissen sagt mir, dass ich jetzt etwas dagegen unternehmen soll.

Ich bin wirtschaftlich und politisch unabhängig. Ich bin zum Glück sehr gesund, habe sehr viel Energie und bin jetzt 80 Jahre jung geworden. Ich habe im Leben sehr viel erfahren.

Es gab Zeiten, wo ich hungrig war, weil ich kein Geld hatte, um mir etwas zu essen zu kaufen. Das hat tiefe Eindrücke hinterlassen. Im Laufe meiner Karriere war ich im Aufsichtsrat von Banken, Krankenhäusern, Universitäten und verschiedenen Sozialorganisationen. Ich habe aus einer kleinen Garage heraus einen Weltkonzern mit über 117 000 Mitarbeitern aufgebaut, Magna hat keine Schulden und ungefähr 2 Milliarden Dollar auf der Bank. Ich habe der Magna schon vor über 30 Jahren eine Unternehmensverfassung gegeben, die von vorneherein regelt, wie der Gewinn aufgeteilt wird; unter anderem gehen 10% an die Mitarbeiter und 2% an soziale Zwecke für die Gesellschaft.

Durch all das habe ich Einblick und Verständnis für das Leben und die Gesellschaft bekommen. Dieses möchte ich nun zum Wohl des Landes einsetzen.

Ich scheue mich nicht davor, auf Missstände aufmerksam zu machen.

Leider haben die Machterhalter ein großes Netzwerk in Österreich, vor allem auch in der Medienlandschaft. Viele Magazine und einige Zeitungen sind die Sprachrohre dieser Machterhalter und versuchen mich schlecht darzustellen, sie schießen mit Giftpfeilen auf mich. Sie haben Angst, weil ich den Leuten die Wahrheit sage. Sie haben mich der Steuerflucht bezichtigt oder mir Sonderbehandlungen bei Förderungen oder dem Schlosskauf in Reifnitz unterstellt. Ich kann alle Vorwürfe entkräften.

Ich habe eine große Liebe zu unserem Land: Wir haben mit Magna in Österreich über 13 000 direkte Arbeitsplätze geschaffen und fast 2 Milliarden investiert, das ist 40-mal so viel wie das, was wir an Förderungen erhalten haben. Außerdem haben wir ungefähr 150 Millionen Euro in Österreich an Sozialspenden für Nothilfe, Kunst, Kultur und Sport gegeben. Das ist dreimal so viel Geld wie wir an Förderungen erhalten haben.

Die Magna-Aktionäre haben mich oft kritisiert, dass ich so viele Werke in Österreich eröffnet habe. Die österreichischen Arbeiter sind hoch qualifiziert und fleißig, aber es gibt hier zu viel Verwaltung. Es ist fast unmöglich, Gewinn zu machen.

Magna hätte jedenfalls mehr Gewinn gemacht, wenn wir die Werke anderswo errichtet hätten! Ich habe aber darauf bestanden, in Österreich zu investieren!

Jetzt setze ich mich wieder für Österreich ein. Wieder mit meinem eigenen, versteuerten Geld, um dem Land zu helfen und Lösungen anzubieten. Ich verwende nicht Ihr Steuergeld, wie dies unsere Politiker tun.

Ich bin kein Politiker. Ich bin ein Mann der Wirtschaft mit einem großem sozialen Bewusstsein und Verantwortung.

Ich habe mich entschlossen, eine neue politische Bewegung zu unterstützen, die auf guten Werten aufgebaut ist: Wahrheit, Transparenz und Fairness. Unser Ziel ist es, Arbeitsplätze zu erhalten und neue zu schaffen, für Wirtschaftswachstum und damit für mehr Wohlstand in unserem Land zu sorgen, das Gesundheits- und Pensionssystem zu sichern und vor allem auch der Jugend eine gute Zukunft zu ermöglichen.

Das ist meine letzte Kolumne aus »Franks Welt«, jetzt geht es für mein Team und mich an die Umsetzung.

Ich hoffe, Sie im TEAM STRONACH FÜR ÖSTERREICH wieder zu treffen.

Herzlichst,

Ihr Frank Stronach

Biografie

Frank Stronach wurde 1932 in Kleinsemmering bei Weiz geboren. 1954 wanderte er nach Kanada aus, wo er 1957 in einer Garage eine kleine Firma für Werkzeugbau eröffnete. Diese Firma, Multimatic Investment Limited, spezialisierte sich zunehmend auf die Produktion von Automobilkomponenten. 1969 fusionierte Multimatic Investments Limited mit Magna Electronics Corporation Limited und aus dieser Fusion entstand Magna International Inc.

Magna International Inc. ist inzwischen einer der global führenden Automobilzulieferer mit rund 117 000 Mitarbeitern in 305 Produktionsstätten und 88 Entwicklungszentren in 25 Ländern. Das Unternehmen gilt als der meistdiversifizierte Automobilzulieferer weltweit. Das Spektrum reicht von der Entwicklung und Produktion von Komponenten, Modulen und Systemen für alle namhaften Automobilhersteller der Welt bis hin zur Entwicklung und Fertigung von Gesamtfahrzeugen. Im Jahr 2011 erzielte Magna einen Gesamtumsatz von rund 30 Milliarden US-Dollar.

Frank Stronach führte 1971 bei Magna mit »Fair Enterprise« eine einzigartige Unternehmenskultur ein. Das Herzstück ist die Magna-Unternehmensverfassung, die die Gewinnverteilung auf Mitarbeiter, Management und Investoren festlegt. Zweites zentrales Element von »Fair Enterprise« bildet die Magna-Mitarbeiter-Charta: Sie verpflichtet das Unternehmen, alle Mitarbeiter fair zu behandeln, marktgerechte Löhne und Gehälter zu zahlen und sichere und gesunde Arbeitsplätze zu gewährleisten.

Im Mai 2011 verkaufte Frank Stronach sein Aktienpaket an die anderen Aktionäre und gab den Vorsitz ab. Bis heute ist er weiterhin Mitglied des Board of Directors.

Neben seinen Aufgaben bei Magna und anderen Unternehmen war und ist Frank Stronach in zahlreichen unternehmerischen, staatlichen und akademischen Gremien tätig. Er fördert und unterstützt eine Vielzahl von wohltätigen und gesellschaftlichen Einrichtungen.

Frank Stronach ist Ehrenprofessor der Technischen Universität Graz sowie »Doktor der Philosophie Honoris Causa« der Universität Haifa, Israel, »Doktor der Rechte Honoris Causa« der University College of Cape Breton und »Doktor der Wirtschaftswissenschaft Honoris Causa« der St. Mary's University Halifax.

1996 wurde er in die »Canadian Business Hall of Fame« aufgenommen. Im Jahr 1997 erhielt er von der Richard Ivey School of Business die Auszeichnung »Business Leader of the Year Award«, 1998 den »Entrepreneur of the Year Award« der University of Michigan. Mit dem »Order of Canada« wurde Frank Stronach 1999 die höchste Auszeichnung Kanadas verliehen.

2000 erhielt Frank Stronach die von Ernst & Young verliehene Auszeichnung »Entrepreneur of the Year Lifetime Achievement Award«. 2002 wurde er vom Kanadischen Rat für »International Business« zum »Canadian International Executive of the Year 2001« gewählt und 2004 von der Yves Landry Stiftung als »Person of the Year« für seine Leistungen rund um die Förderung technischer und technologischer Ausbildung ausgezeichnet. Im Jahr 2005 wurde ihm der »B'nai Brith Award of Merit« für außergewöhnliche humanitäre Leistungen verliehen. 2006 wurde Frank Stronach in die Canadian Manufacturing Hall of Fame aufgenommen und 2010 bekam er für seine Innovationskraft den »Josef-Schumpeter-Preis« verliehen. Im Jahr 2011 verlieh der kanadische Think Tank »Fraser Institute« den prestigereichen »Patrick Boyle Award« für Frank Stronachs Leistungen zur Förderung des Unternehmertums und der Philantropie.

Frank Stronach ist Träger zahlreicher österreichischer Auszeichnungen wie des »Goldenen Ehrenzeichens für Verdienste um die Republik Österreich«, des »Großen Goldenen Ehrenzeichens des Landes Steiermark«, des »Goldenen Ehrenzeichens für Verdienste um das Land Wien« sowie des »Silbernen Komturkreuzes des Ehrenzeichens für Verdienste um das Bundesland Niederösterreich«. Außerdem ist er Ehrenbürger verschiedener Orte wie der Gemeinden Weiz, Oberwaltersdorf, Lannach und Hollabrunn und Träger des Ehrenrings des Österreichischen Fußball-Bundes.

Seit seinem Rückzug von Magna baut Frank Stronach vor allem viele neue Unternehmen auf und ist unter anderem Eigentümer mehrerer Pferderennbahnen in den USA und der erfolgreichste Rennpferdezüchter in Nordamerika.

2011 gründete Frank Stronach das Stronach Institut für sozialökonomische Gerechtigkeit. Dieses Institut ist ein »Do-Tank« mit dem

Ziel, konstruktive Kritik an den Strukturen und der Politik in Österreich zu üben und gleichzeitig eigene Lösungsvorschläge auszuarbeiten und anzubieten. Es arbeitet mit fünf Universitäten in Österreich zusammen und ist parteipolitisch unabhängig.

Im September 2012 gründete Frank Stronach das Team Stronach für Österreich, eine neue politische Bewegung. Ziele der Partei sind die Verbesserung der demokratischen Strukturen, das Erhalten und Schaffen von Arbeitsplätzen und Wohlstand.